ライブラリ
経済学コア・テキスト&最先端 7

コア・テキスト
経済史

増補版

岡崎 哲二 著

新世社

編者のことば

　少子高齢化社会を目前としながら，日本経済は，未曾有のデフレ不況から抜け出せずに苦しんでいる。その一因として，日本では政策決定の過程で，経済学が十分に活用されていないことが挙げられる。個々の政策が何をもたらすかを論理的に考察するためには，経済学ほど役に立つ学問はない。経済学の目的の一つとは，インセンティブ（やる気）を導くルールの研究であり，そして，それが効率的資源配分をもたらすことを重要視している。やる気を導くとは，市場なら競争を促す，わかり易いルールであり，人材なら透明な評価が行われることである。効率的資源配分とは，無駄のない資源の活用であり，人材で言えば，適材適所である。日本はこれまで，中央集権的な制度の下で，市場には規制，人材には不透明な評価を導入して，やる気を削ってきた。行政は，2年毎に担当を変えて，不適な人材でも要職につけるという，無駄だらけのシステムであった。

　ボーダレス・エコノミーの時代に，他の国々が経済理論に基づいて政策運営をしているときに，日本だけが経済学を無視した政策をとるわけにはいかない。今こそ，広く正確な経済学の素養が求められているといって言い過ぎではない。

　経済は，金融，財の需給，雇用，教育，福祉などを含み，それが相互に関連しながら，複雑に変化する系である。その経済の動きを理解するには，経済学入門に始まり，ミクロ経済学で，一人一人の国民あるいは個々の企業の立場から積み上げてゆき，マクロ経済学で，国の経済を全体として捉える，日本経済学と国際経済学と国際金融論で世界の中での日本経済をみる，そして環境経済学で，経済が環境に与える影響も考慮するなど，様々な切り口で理解する必要がある。今後，経済学を身につけた人達の専門性が，嫌でも認められてゆく時代になるであろう。

　経済を統一的な観点から見つつ，全体が編集され，そして上記のように，個々の問題について執筆されている教科書を刊行することは必須といえる。しかも，時代と共に変化する経済を捉えるためにも，常に新しい経済のテキストが求められているのだ。

　この度，新世社から出版されるライブラリ経済学コア・テキスト＆最先端は，気鋭の経済学者によって書かれた初学者向けのテキスト・シリーズである。各分野での最適な若手執筆者を擁し，誰もが理解でき，興味をもてるように書かれている。教科書として，自習書として広く活用して頂くことを切に望む次第である。

西村　和雄

増補版へのはしがき

　本書の初版が刊行されてから10年以上が経過しました。「初版へのはしがき」に書いたように，本書は，制度と組織の役割に焦点を当てて経済史研究の内容を説明し，あわせてそれらと経済成長・経済発展に関する他の視点からの研究との関係について述べたものです。このような書物は日本語・英語を問わず類を見ないこともあって，幸いにも多くの読者の関心を集め，現在までに11刷を重ねてきました。また本書は，中国語，韓国語にも翻訳されています。

　初版の刊行以降，関連する研究の進展があり，これをふまえて，この度，本書の増補版を作成しました。増補版では，宗教と経済発展，制度と経済発展に関する記述に最近の研究を反映させて1つの章を追加したほか，「大分岐」（Great Divergence）と産業革命についても最近の研究をふまえて記述を追加しました。初版と同様，本書が経済史に関心を持つ多くの方々に読んでいただけることを希望します。

2016年8月3日

岡崎　哲二

初版へのはしがき

　本書は，経済史をはじめて学ぶ，大学学部および大学院の学生向けに書かれた教科書です。経済史の教科書のオーソドックスなスタイルは，時代を追って重要な経済事象を記述していくものだと思いますが，本書はそれに従っていません。本書の基礎となっている考え方は，経済をコーディネーションとモティベーションの2つの視点から捉えるという経済理論の枠組みです（ポール・ミルグロム，ジョン・ロバーツ『組織の経済学』奥野正寛・伊藤秀史・今井晴雄・西村理・八木甫訳，NTT出版，1996年）。

　コーディネーションは，誰が，何を，どれだけ，いつ，どのように生産し消費するかを決めること，いいかえれば資源配分を行うことを意味します。モティベーションは，コーディネーションを前提として，ある生産・消費の仕方を実現するために人々を動機づけることを意味します。古代から現在に至るまで，すべての国，地域において，何らかの仕組みによってコーディネーションとモティベーションの2つが行われてきました。そして，その仕組みの重要な要素が制度と組織です。

　本書では，歴史上存在したさまざまな制度・組織が，コーディネーションとモティベーションにおいてどのような役割を担ってきたかという問題に焦点を当てて，経済史の研究状況を説明しました（第4-7章）。いいかえれば，本書は「制度と組織の経済史」に関する入門書となっています。同時に本書では，経済史を研究する意味（第1章），および制度と組織の経済史に関する研究が，他の方法・視点に立った経済史研究および経済成長・経済発展に関する研究とどのような関係にあるか（第2, 3章）についても説明しました。小さい書物ですが，このような試みは，日本語，英語を問わず，他に例がありません。本書が制度と組織の経済史への関心を引きつけることに寄与することができれば，それは私の望外の喜びです。

いうまでもなく，本書はたくさんの方々に多くを負っています。制度と組織の経済史に関する教科書をまとめるというアイディアは，スタンフォード大学の青木昌彦教授，アブナー・グライフ教授との対話の中から生まれました。2002 年，2003 年にスタンフォード大学に滞在した際，講義と講義の間のゆったりとした時間に，本書の構想は形作られました。また，本書の一部は，2003 年に一橋大学大学院で行った集中講義，「制度の経済史」に基づいています。有本寛氏，中林真幸氏は，本書の原稿全体を読んで，有益なコメントを下さいました。また，阿部武司，井伊雅子，伊丹敬之，市村英彦，伊藤秀史，伊藤正直，猪木武徳，岩井克人，植田和男，王健，王珂，大垣昌夫，大橋弘，大塚啓二郎，奥野正寛，粕谷誠，神谷和也，神取道広，神林竜，清川雪彦，清田耕造，黒崎卓，河野勝，小林慶一郎，斎藤修，澤井実，澤田充，澤田康幸，杉原薫，園部哲史，武田晴人，谷本雅之，鶴光太郎，ポール・デービッド，寺西重郎，中村尚史，橋野知子，八田達夫，浜尾泰，林文夫，速水祐次郎，レズリー・ハンナ，星岳雄，藤本隆宏，松井彰彦，松島斉，松山公紀，宮本又郎，森口千晶，安場保吉，山下裕子，横山和輝，吉川洋，和田一夫，渡辺努の諸氏からも，本書を執筆するにあたって有益な，ご教示，ご示唆と励ましをいただきました。新世社の御園生晴彦氏は，ねばり強く本書の執筆を督励して下さいました。御園生氏のご尽力なしには，本書は完成できなかったと思います。これらすべての方々と私の家族に，心から感謝の意を表します。

2005 年 8 月 31 日

岡崎　哲二

目　次

1　経済史を研究する意味　　1

1.1　はじめに　　2
1.2　歴史の教訓　　3
歴史から学ぶことはできるか（3）　　「東アジアの奇跡」とその「再考」（4）
1.3　現在の相対化　　6
「常識」からの脱却（6）　　「終身雇用」と日本文化（7）
1.4　実験室としての歴史　　9
フリードマン/シュワルツの貨幣史研究（9）　　金融恐慌の理論と歴史（13）
比較優位原理の自然実験（16）
1.5　歴史的経路依存性　　18
『歴史のための弁明』（18）　　歴史とQWERTY（20）
補完性とネットワーク外部性（22）
■理解と思考のための問題　　27

2　経済成長　　29

2.1　経済成長とその測定　　30
サイモン・クズネッツとGNPの長期推計（30）
地域間所得格差の長期動態（32）
2.2　新古典派成長理論　　33
ロバート・ソローの成長モデル（33）　　ソローの基本方程式（35）
定常状態（37）　　技術進歩の導入（38）
2.3　理論と現実　　40
人的資本の導入（40）　　実証分析と残された課題（42）
■理解と思考のための問題　　45

3　経済の歴史的発展に関するさまざまな見方　　47

3.1　経済発展段階論 ────────── 48
「生産様式」の発展段階（48）　「資本の本源的蓄積」（49）
マルクス理論の限界（51）

3.2　宗教と経済発展 ────────── 52
マックス・ウェーバーの宗教社会学（52）
『プロテスタンティズムの倫理と資本主義の精神』（53）
ウェーバー仮説の検証（54）

3.3　経済的後進性仮説 ────────── 59
後進国と先進国の相違（59）　後進国の経済発展と制度・組織（60）
■理解と思考のための問題　62

4　制度と経済発展　　63

4.1　ダグラス・ノースの問題提起 ────────── 64
『西欧世界の勃興』（64）

4.2　イギリス名誉革命の経済的インパクト ────────── 66
所有権保護の2つの意味（66）
イギリス名誉革命に関する実証分析（66）

4.3　制度と経済発展 ────────── 69
4.4　比較歴史制度分析 ────────── 72
■理解と思考のための問題　75

5　市場経済の発展　　77

5.1　市場経済の歴史 ────────── 78
市場経済の起源（78）　「ローマの平和」と市場経済（79）
ヨーロッパの中世社会（79）　「商業の復活」（81）
古代・中世日本の商業（84）　幕藩体制と市場経済（85）
近世日本の経済成長（87）

5.2 中世地中海商業の比較歴史制度分析 —— 90
アブナー・グライフの問題提起（90）
マグリビ商人の「多角的懲罰戦略」（91）　ゲームの均衡としての制度（92）

5.3 近世日本における株仲間の役割 —— 95
司法制度（95）　「相対済令」の経済的意味（96）
株仲間の組織と機能（97）　自然実験としての天保改革（99）
■理解と思考のための問題　102

6 生産組織Ⅰ：工場と企業　103

6.1 「産業革命」 —— 105
工場制の成立（105）　システミックな変化（107）
産業革命観の修正（109）　「大分岐」と産業革命の再評価（110）

6.2 「ボスたちは何をしているか？」 —— 113
スティーブン・マーグリンの問題提起（113）
ヒエラルキーの歴史的起源（114）
「ボスたちは本当は何をしているか？」（116）

6.3 「見える手」の革命 —— 118
鉄道とアメリカ経済（118）　企業組織の革新（118）
大量生産と大量流通の統合（120）　経営者の役割（121）

6.4 生産・流通組織の選択 —— 123
取引コスト経済学（123）　取引ガバナンス構造の選択と企業組織（124）
■理解と思考のための問題　128

7 生産組織Ⅱ：奴隷制・地主制・問屋制　129

7.1 奴隷制 —— 131
奴隷制とは何か（131）　綿花栽培とアメリカ南部の奴隷制（132）
奴隷労働の生産性（134）　奴隷制のインセンティブ構造（138）

7.2 地主制 —— 140
地主制のインセンティブ構造（140）
14世紀北イタリアにおける小作契約選択（143）

7.3 問屋制 ——————————————————————— 146
問屋制の仕組み（146）　問屋制の適応（148）
■理解と思考のための問題　151

8　金融取引と制度　　　　　　　　　　　　　　153

8.1 金融システムの歴史 ——————————————— 155
初期の金融システム（155）
「市場型システム」と「銀行型システム」の分化（157）

8.2 金融システムと経済発展 ————————————— 159
銀行と経済発展（159）　株式市場と経済発展（161）

8.3 「関係融資」の光と影 ——————————————— 163
金融取引のガバナンス（163）
19世紀ニューイングランドの銀行システム（164）
関係融資の健全性の条件（166）　関係融資と金融危機（167）
戦前日本の「機関銀行」（169）

8.4 資本市場の発達と資本取引のガバナンス ——————— 173
株式市場の効率性と公的規制（173）
「J.P.モルガンは企業価値を向上させたか？」（176）
J.P.モルガンの機能に関する実証分析（177）
■理解と思考のための問題　181

文献案内 ———————————————————————— 183
索　引 ————————————————————————— 189

第 1 章

経済史を研究する意味

　経済史，あるいは，より一般的に歴史を研究する意味はどこにあるでしょうか。本章では，この問いについて考えます。現在と将来への教訓を得ることも歴史研究の役割の一つです。しかし，歴史研究の意味はそれだけではありません。歴史は，現在当然のこととして受け入れられている常識を相対化することを可能にし，またさまざまな理論を検証する実験室を提供してくれます。実際，経済理論は経済史研究との相互作用を通じて発達してきました。さらに，さまざまな仕組みや人々の行動の間に補完性やネットワーク外部性という性質がある場合，歴史を調べることによってはじめて，現在の状態を理解することができます。

○ KEY WORDS ○

自然実験，金融恐慌，比較優位原理，
経路依存性，補完性，ネットワーク外部性

1.1 はじめに

　この本を手にする読者の中には「経済史」という言葉を初めて目にする人も多いと思います。経済史は、文字通り、経済の歴史、すなわち過去に起こったさまざまな経済現象に関する記述、あるいは過去の経済現象そのものをいいます。現在の経済は、私たちの生活や利益に直接に関係していますから、現在の経済やそれを分析するための理論を研究することが有意義なのはいうまでもないでしょう。経済理論や現在の経済は、世界中の大学や研究機関で研究されています。そして、その成果は、マクロ経済政策の運営、経済制度の設計、金融商品の設計など、経済のさまざまな分野に広く応用されています。

　これに対して、過去の経済現象を研究することの意味は必ずしも自明とはいえません。しかし、経済史もまた、世界中の多くの大学で研究されています。現在行われている経済史研究を知る一つの方法は、主要な国際学術誌を読むことです。経済史研究の分野には、*The Journal of Economic History, Explorations in Economic History, The Economic History Review* などの主要な国際学術誌があり、毎号、多くの新しい研究成果が発表されています。経済史に関する研究でも、本書で紹介するいくつかの論文のように経済学一般に幅広い含意を持つ場合は、*American Economic Review, Quarterly Journal of Economics, Journal of Political Economy* といった経済学のトップジャーナルに掲載されることがあります。図書館等で電子ジャーナルが利用できる人は、それを利用するのが便利でしょう。この本の以下の記述も、これらの学術誌に発表された研究に多くを負っています。

　経済史に関する研究が世界で行われていますが、一部の自然科学ほどの金額ではないにしても、経済史を研究するためにも社会の資源が使用されます。すなわち、日本の場合、国立大学法人は税金を原資とする予算、私立大学は

私的資金と税金からの補助金を使って，研究者を雇用し，研究室を用意し，図書，コンピュータなどを購入します。経済史を研究するために社会の貴重な資源を配分する意味はどこにあるのでしょうか。

1.2 歴史の教訓

○ 歴史から学ぶことはできるか

　経済史研究の意味は何かと問われた時，最初に思いつく答えは「歴史の教訓」でしょう。20世紀を代表する歴史学者の一人，アーノルド・トインビー（Toynbee, A. J.；1889-1975）は，文字通り「歴史の教訓」というタイトルの講演を日本で行い，その講演録の邦訳が出版されています。その中で彼は，歴史は未来の予測や予言をわれわれに教えるものではないと断ったうえで次のように述べています。「もし現代の事態とよく似ている過去の事態についての知識があれば－中略－そうした知識は，未来において起こりうるもろもろの可能性について，少なくとも一つの可能性を教えてくれる」[1]。トインビーは，歴史の教訓が生かされた具体例として17世紀イギリスで起こったピューリタン革命と名誉革命からイギリス人が学んだ，「節度を重んじるという政治的伝統」を挙げています。

　もう一人の20世紀歴史学の碩学 E. H.カー（Carr, E. H.；1892-1982）も歴史学の方法に関する書物の中で，歴史の教訓について書いています。彼が挙げている，歴史の教訓が生かされた例は，第一次世界大戦を終結させたパリ講和会議におけるイギリス代表団の行動です。カーによると，パリ講和会議で，イギリス代表団は，100年前のナポレオン戦争を終結させたウィーン会議から，次の2つの教訓を学んで行動しました。第一は，ヨーロッパの国

---

1) アーノルド・トインビー『歴史の教訓』松本重治編訳，岩波書店，1957年，pp. 2-3。

境線を変更する際に,民族自決の原則を無視するのは危険であるという点です。そして第二は,秘密文書を紙屑かごにすてるのは危険であるという点でした。紙屑はかならず他国代表団のスパイが買うからです[2]。

上の2つの例はいずれも政治史に関するものですが,経済史についても,そこには,長い年月にわたって人々が経済に関して経験してきたさまざまな成功と失敗の記録が書き込まれており,その経験からわれわれは多くを学ぶことができます。歴史の教訓について経済史におけるわかりやすい例は,先進国の経済発展の経験から発展途上国が教訓を得るというものです。今日の世界各国の経済的な発展度には非常に大きな格差があります。世界銀行のデータによると,2014年の1人当たり GDP(購買力平価ベース,ドル)は,トップのカタールが 143,788 ドルであるのに対して,最下位の中央アフリカは 594 ドルにすぎません。1位から10位まではカタールを含めてアジアとヨーロッパの小規模な国・地域が占めており,11位が 54,629 ドルのアメリカです。因みに日本は 193 カ国中 31 位の 36,426 ドルです。そして,第2章で詳しく述べるように,先進国もかつては今日の発展途上国と同様の所得水準にありました。したがって,日本を含む先進国が過去に経験してきた経済史の少なくとも一部は,途上国が今日,直面している現実と共通すると考えられます。そしてそのような考え方に立って,開発経済学の研究者,開発援助に関わる政策当局者の多くが経済史から真剣に学ぼうとしています。

○ 「東アジアの奇跡」とその「再考」

例えば,有力な開発援助機関の一つ,世界銀行は,1993年に『東アジアの奇跡』という報告書を発表しました[3]。その出発点は,日本,香港,韓国などの東アジアの8カ国(地域)が1965年から1990年の期間に,世界の他の諸国より格段に高い経済成長を達成したという事実です。世界銀行は,こ

---

2) E. H. カー『歴史とは何か』清水幾太郎訳,岩波新書,1961年,p.95。
3) 世界銀行『東アジアの奇跡——経済成長と政府の役割』白鳥正喜監訳,東洋経済新報社,1994年。

れら8カ国の経験を分析することを通じて，他の発展途上国への教訓を引き出すことを意図しました。第一に確認されたのは，インフレーションのコントロール，為替レートの柔軟な調整，人的資本の蓄積，金融制度の安定を通じた貯蓄の増進，相対的に小さい価格の歪み，海外技術の吸収といった，オーソドックスな開発政策の標準がこれらの国・地域で確保されていたことです。

しかし同時に，それまでの開発政策の標準から乖離した特徴も見いだされました。望ましいと考えられてきた以上の政府による経済介入が行われていた点です。開発経済学では，それまで，市場メカニズムは効率的であり，市場が効率的な資源配分を実現できない，いわゆる「市場の失敗」は，仮に起こるとしてもまれであると考えられてきました。言いかえれば新古典派経済理論が開発経済学と開発援助関係者の思考において主流を占めていました。こうした考え方に立った場合，産業間や企業間の資源配分に政府が介入するミクロ的な政策，いわゆる産業政策は，経済発展にとって利益よりも弊害の方が大きいということになります。このような伝統的な見方にとって，産業政策を実施してきた東アジア諸国が高い経済成長を実現したことは説明が難しいパズルとなりました。

そこで，世界銀行の報告書『東アジアの奇跡』は，この事実をそれまでの開発政策の枠組みと調整するために，「市場に友好的な」（market friendly）政策という概念を提唱しました。たしかに産業政策は実施されたわけですが，援助されるべき産業の選択にあたって，国際市場における競争パフォーマンスを基準とした競争（コンテスト）が行われており，政府はその競争の結果を判定する審判の役割を果たしてきたという見方です。このように，日本を含む東アジア諸国の経済発展の歴史から，現在・将来の開発政策に関する含意・教訓が引き出されています。

興味深いことに，『東アジアの奇跡』が提起したこのような見方は，1990年代における東アジア諸国の成長率の低下と金融危機をうけて，再検討されることになりました。その結果は，2001年に同じく世界銀行のプロジェクトとして経済学者のジョセフ・スティグリッツ（Stiglitz, J. E.）等が編集し

た『東アジアの奇跡を再考する』という書物にまとめられています[4]。今度は，東アジア諸国が1980年代までのめざましい成長をなぜ持続することができなかったのか，その失敗の経験から教訓を引き出すことが試みられているわけです。

1.3　現在の相対化

○　「常識」からの脱却

「歴史の教訓」という考え方が，何らかの意味で過去と現在の共通性に注目しているのに対して，過去と現在の相違を示すことも歴史研究，ないし経済史研究の重要な役割です。経済関係や行動様式の中に，現在ではあまりに一般的であるために，われわれの思考において，それは動かすことのできない与件として受け入れられてしまうものがあると思います。しかし，歴史を調べた結果，仮に，その経済関係や行動様式が，過去のある時期には一般的ではなかったことが明らかになったとしましょう。そうなると，その経済関係，行動様式を与件として前提することが必ずしも適当ではなくなり，われわれは考え方を改める必要がでてきます。このように，現在は与件として受け入れられていることを，過去の事実に照らして相対化することが経済史研究の第二の意味として挙げたいと思います。

それが成功であったかどうかは別として，経済史研究を通じて，その当時における「現在」の相対化を試みて大きな影響を与えた例として，19世紀にカール・マルクス（Marx, K.；1818-83）が行った研究があります。マルクスの主著は『資本論』ですが，その執筆準備のため，彼は多くの草稿を残

4） Joseph E. Stiglitz and Shahid Yusuf eds., *Rethinking East Asian Miracle*, Washington D. C.：The World Bank, 2001.

しています。その一つに日本で『資本主義的生産に先行する諸形態』と訳されている草稿があります[5]。その最初の部分で，マルクスは，資本主義，すなわち「資本」（利潤動機によって経営される企業）が，賃金を支払って労働者を雇用するという仕組みは，「自由な労働者」の存在を歴史的な前提条件とすると述べています。ここで「自由な労働者」というのは，自分の土地を持たず，また村などの共同体が管理する土地も利用できないという意味です。続いてマルクスは上の前提条件が形成される前の社会，すなわち共同体が人々の生活において重要な役割を果たした社会について述べています。

マルクスが生きていた時代のイギリスでは，すでに資本主義が当然のものとして受け入れられていたのですが，資本主義以前の社会を研究することを通じて，マルクスは，資本主義は古代以来，進んできた生産様式の発展の一段階であるという認識を得ました。そして，そこから資本主義は変革し得るものであるという見方，さらには変革後の社会に関するビジョンを導きました。このマルクスの考え方については第3章でもう一度より詳しく述べます。今日，全体として見た場合，こうしたマルクスの歴史理論が妥当ではなく，特に資本主義後の社会に関するビジョンが誤っていたことは，ソ連崩壊等，1980年代末以降の経過によって明らかになっているといっていいでしょう。また，第3章でもふれるように，マルクスがこのような認識の誤りをおかしたことには，彼の経済理論に理由があったと考えられます。しかしそれにしても，雇用関係を軸に経済活動が営まれるという，現在の経済の基本的な仕組みが，歴史のある時期に生まれたという見方自体は，経済社会に対する認識の枠組みとして今日なお有用性を持っています。

○　「終身雇用」と日本文化

別の例を挙げましょう。現在の日本企業が，さまざまな点でアメリカ，イギリスの企業と異なる特徴を持っていることはよく知られています。その一

5）カール・マルクス『資本主義的生産に先行する諸形態』手島正毅訳，国民文庫，1963年。

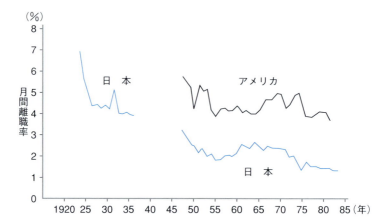

（資料出所）　Jacob Mincer and Yoshio Higuchi. "Wage Structures and Labor Turnover in the United States and Japan,"*Journal of the Japanese and International Economies*，2，97-133, 1988.
（出典）　岡崎哲二・奥野正寛「現代日本の経済システムとその歴史的源流」同編『現代日本経済システムの源流』日本経済新聞社，1993 年，p. 7．

図 1.1　離職率の日米比較

　つの側面にいわゆる「終身雇用」があります。最近では変わりつつあるという見方もありますが，大企業が，新規学卒者を採用して，彼・彼女らを定年まで雇用し続けるという慣行を指します。文字通り「終身」であるかどうかは別として，第二次世界大戦後，日本企業において，従業員の離職率（1カ月間の離職者／前月末の在職者）がアメリカの企業に比べて低かったことは，図 1.1 から確認できます。すなわち，日本の離職率はアメリカの離職率の約 1/2 の水準を続けてきました。

　この大きな差に関する一つの可能な見方は，それが日米の文化ないし国民性の差に基づいているというものです。しかし，経済史を遡ると，このような見方は妥当ではないことがわかります。図 1.1 には第二次世界大戦前のデータも示されています。これによると，戦前の日本では，離職率が戦後のアメリカと同程度に高い水準にありました。実際，戦前の日本では，大企業も

不況期には活発に解雇を通じた雇用調整を実施していました。そうだとすると，「終身雇用」は日本の文化に根ざしているという見方は疑わしいということになります。そしてこのような認識は，現在の日本企業の雇用制度を文化に還元することなく，その機能や存在理由について理論的，歴史的に説明するアプローチの意味を裏付けるものです[6]。

1.4 実験室としての歴史

◯ フリードマン/シュワルツの貨幣史研究

マクロ経済学の有力な一学派であるマネタリズムを確立した，ミルトン・フリードマン（Friedman, M.；1912-2006）には，経済史に関する大著があります。経済史研究者，アンナ・シュワルツ（Schwartz, A.；1915-2012）と共同で書いた *A Monetary History of the United States, 1867-1960* です[7]。彼らは同書において，アメリカの貨幣残高について，約100年にわたる長期時系列データを整備し，それと実質GNP，名目GNP，物価等のマクロ経済変数の相互関係を調べました。さらに，彼らは，貨幣残高 M を次の定式によって要因分解し，その変動要因を探りました。

$$M = H \cdot \left[\frac{D}{R}\left(1+\frac{D}{C}\right)\right] / \left(\frac{D}{R}+\frac{D}{C}\right)$$

ここで，H は中央銀行の負債であるハイパワード・マネー（ベース・マ

---

[6] もちろん，歴史研究によって，別の方向をめざすことも可能です。すなわち，「終身雇用」の起源を近代以前にたどり，それが文化に根ざしていることを示すという方向です。より一般的にいうと，ここでは現在ある関係を相対化するという歴史研究の意味を強調しましたが，逆に現在ある関係の歴史の長さを示すことを通じて，その関係のその基礎の強固さを論証するというアプローチもあり得ます。

[7] Milton Friedman and Anna Schwartz, *A Monetary History of the United States, 1867-1960*, Princeton : Princeton University Press, 1963.

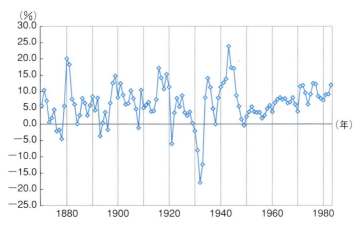

（出所）Nathan S. Balke and Robert J. Gordon, "Historical Data," in Robert J. Gordon ed., *The American Business Cycle : Continuity and Change*, Chicago : Chicago University Press, 1986.

図 1.2(a)　M2 変化率

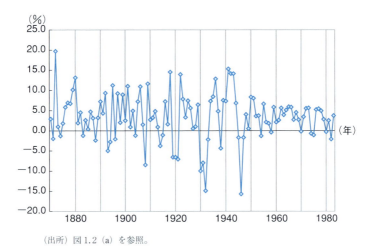

（出所）図 1.2 (a) を参照。

図 1.2(b)　実質 GNP 変化率

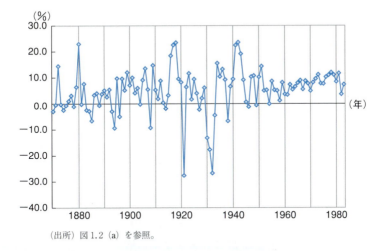

(出所) 図 1.2 (a) を参照。

図 1.2(c)　名目 GNP 変化率

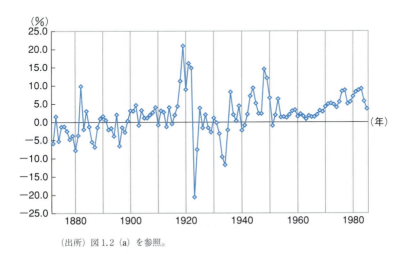

(出所) 図 1.2 (a) を参照。

図 1.2(d)　GNP デフレータ変化率

ネー），D は公衆が保有する預金，C は公衆が保有する現金，R は銀行の中央銀行に対する準備預金を示します。したがって，貨幣残高は，ハイパワード・マネーの供給（H），銀行の預金準備率 $\frac{D}{R}$，公衆の現金に対する預金選好の程度 $\frac{D}{C}$ の3つの要因に分解できることになります。フリードマンとシュワルツは，この簡単な式を手がかりにして，貨幣残高の変動とその背景にあった歴史的事情を丹念に描きました。

　800ページを超える大著を要約して彼らは次の3つの命題を引き出しています。第一に，貨幣残高の変化は，経済活動，名目所得，物価と密接に相関している。第二に，これらの相関関係は，長期にわたって非常に安定している。第三に，貨幣残高の変化は，しばしば独立した原因を持っており，単に経済活動を反映したものではない（同書，p.676）。そして，これら3点は同時にマネタリズムの主要命題でもあります。第一・第二点は，図1.2から読みとることができるでしょう。

　最後の点は，その後，ケインジアンとの間で論争となりました。時系列分析に関するさまざまな方法を用いて因果性のテストが行われた論点ですが，フリードマンとシュワルツはアメリカ連邦準備制度等の歴史的文書を調べることを通じて，貨幣残高変化の独立性を論証しています。すなわち，フリードマン等は，経済史研究によって，経済に対する洞察を得，それを裏付けるという作業を行ったわけです。

　本来，マクロ経済学の研究者であるフリードマンがシュワルツと協力して貨幣史を研究したのはなぜでしょうか。その理由として，フリードマンが，マクロ経済変数間に見られる数年単位の相互関係に関心があったことがあったことが考えられます。貨幣残高やGDPなどのマクロ変数は，ほとんど定義によって，それぞれ1国に1系列しかありません。したがって，それらのマクロ変数について数年単位の相互関係を定量的に分析するためには，長期の歴史的データを用いることが必要になります。いわば，長期の時系列データを発生させる実験室として経済史を用いたことになります。実験室としての経済史，これが経済史を研究する第三の意味です。

○ 金融恐慌の理論と歴史

　それでは，経済のミクロ的な側面に関する研究については，経済史は役に立たないのでしょうか。たしかに，ミクロ的な側面についてであれば，クロスセクションの情報，すなわち企業間や家計間の相違に関する情報が利用できますから，単に多数のデータを得るという理由だけなら，特に経済史を研究する必要はありません。しかし，別の重要な理由があります。現在の経済は，多かれ少なかれ，さまざまな政府の規制・介入を受けていることです。経済のミクロ的側面に関する理論は多くの場合，規制・介入がないという設定で組み立てられています。このような理論の妥当性をテストするためには規制がない状態で発生したデータを用いるのが望ましいことはいうまでもありません。このような場合，歴史を遡ることによって，規制・介入が行われていなかった時期を見いだすことができれば，たいへん有用と考えられます。

　こうした観点から行われた経済史研究の例として，チャールズ・カロミリス（Calomiris, C.）とゲアリー・ゴルトン（Gorton, G.）の金融恐慌に関する研究を紹介しましょう[8]。金融恐慌は，多数の預金者が同時に多額の預金を引き出そうとする結果，銀行が預金払い戻しに応じられなくなって支払いを停止するという事態が集中的に発生する現象をいいます。

　第二次世界大戦後の日本では金融恐慌が発生したことはありませんし，事情は他の先進諸国でも同様です。その理由は，政府による預金払い戻しの保証や預金保険制度によって預金者が保護されるようになったことです。金融恐慌が減少したことは，金融恐慌のメカニズムを研究するという立場から見ると，第二次世界大戦後については実証研究を行うための観測数が多くないということを意味します。そこで，カロミリス等は，19世紀末から20世紀初めにかけてのアメリカのデータを用いて金融恐慌の発生理由を分析しました。

---

8) Charles Calomiris and Gary Gorton, "The Origins of Banking Panics：Models, Facts and Bank Regulation," in R. Glenn Hubbard ed., *Financial Markets and Financial Crises*, Chicago：The University of Chicago Press, 1991, pp.109-173.

銀行を取り巻く預金者たち（昭和2年（1927年））。（毎日新聞社提供）

図 1.3　日本の金融恐慌

　その際，彼らは，金融恐慌に関する 2 つの理論的仮説から導かれる含意を現実のデータと突き合わせて，どちらの仮説の妥当性が高いかをテストするという方針を採用しました。

　第一の仮説は，金融恐慌は，金融恐慌が起こるという<u>自己実現的予想</u>によって引き起こされるというものです（預金引出リスク仮説）。銀行は預金を集めて貸出に運用しますが，貸出金の多くは借り手の企業によってさまざまな用途に用いられており，必要に応じてただちに回収できるものではありません。いいかえれば，銀行の資産は必ずしも流動性が高いものではありません。一方で，銀行は貸出に対して 100% の支払い準備を持つわけではありません。そのため，多くの預金者が同時に預金の引出を求めた場合，すべての引出要求に応じるための現金を用意することができず，支払い停止に追い込まれることになります。そして，このような関係があるため，ある預金者にとっては，金融恐慌が起こるかもしれないという予想が生じると，他の預金者よりも早く自分の預金を引き出すことが望ましい行動となります。そして

多くの預金者がこうした自分にとって望ましい行動をとることによって，実際に金融恐慌が起こってしまうという考え方です。

これに対して，第二の仮説は，金融恐慌は銀行と預金者の間にある情報の非対称性に起因するというものです（非対称情報仮説）。多くの預金者は，自分が預金している銀行が健全に経営されているかどうかに関して，通常，十分な情報を持っていません。そのような状態で，預金者に銀行の中に健全でないものがあるという情報がもたらされたとします。しかし，預金者は多くの銀行の中で，どれが不健全な銀行なのかわかりません。そのため，多くの銀行に対して一斉に預金の引出が起こり，金融恐慌が発生します。しかし，一時的に支払いが停止されても，もともと健全な銀行ならば，貸出の回収等によって，順次，預金の払い戻しに応じ，倒産を免れることができます。他方，不健全な銀行は，結局，預金の払い戻しに応じられずに倒産します。すなわち，この理論によれば，金融恐慌は預金者と銀行の間にある情報の非対称性を解決するメカニズムであるということになります。

これら2つの理論のどちらがより妥当かを，どのようにしたら識別することができるでしょうか。預金者の行動や心理を観察できれば，直接的なテストができますが，それは困難です。

そのような場合，経済学者や経済史研究者は，この理論が妥当であると仮定した場合にどのような現象が観察できるかをまず演繹的に推論し，こうして引き出された含意ないし予想を実際の観察事実と突き合わせるということを行います。もし，予想された通りの事実が観察されれば，予想のもとになった理論は少なくとも棄却されません。逆に予想と異なる事実が観察されれば，その理論は反証されたことになり，棄却されます。預金引出リスク理論からは，① 金融恐慌は現金需要が多いときに発生しやすい，② 銀行倒産は特殊な現金需要が発生する地域で発生しやすい，等の含意が引き出されます。これに対して，非対称情報理論からは，① 金融恐慌は銀行資産に関するマイナスのニュースがあったときに発生しやすい，② 銀行倒産は，銀行資産に対するマイナスのショックが大きい地域で発生しやすい，等の含意が引き

出されます。

　カロミリス等が 19 世紀末から 20 世紀初めの金融恐慌についてデータを集めた結果，①については，金融恐慌は必ずしも季節的な現金需要の増大期に多発しているわけではなく，一方で，金融恐慌は株価が下落した後に多発する傾向があることがわかりました。②については，金融恐慌時に銀行倒産が多発した地域は地理的に離れており，一方，銀行倒産は，地価の下落などのマイナスの資産ショックが生じた地域で多発したことが明らかになりました。これらの事実は，いずれも預金引出リスク理論からの予想と一致せず，逆に非対称情報理論からの予想と一致します。こうして，カロミリス等は経済史研究に基づいて，2 つの代替的な理論のうち，非対称情報理論がより妥当なものであるという結論を導きました。

○ 比較優位原理の自然実験

　さらに，歴史上における規制の変更や大きな事件が，貴重な「実験」の機会を研究者に与えてくれる場合があります。自然科学における実験では，他の条件を一定に保ったまま 1 つの条件を人為的に変えて結果を比較することによって，変更した条件の効果を調べるということが行われます。経済学でも，経済理論から導出された含意を実験室で観察される被験者の行動と比較して理論の検証を行ったり，発展途上国等のフィールドで，ランダムに選ばれた被験者に政策的な処置を加えてその処置の効果を検証するなど，自然科学と同じ意味での実験を行う，実験経済学が発達してきました[9]。しかし，こうした狭い意味での実験では，テストできる対象に限りがあります。他方で，災害，戦争や政策・規制の変化といった歴史上の出来事が，自然科学の実験で研究者が行うような条件の変化をもたらしてくれる場合があります。これを「自然実験」（natural experiment）といい，経済学における仮説検証

9）実験経済学については，例えばこのシリーズの下村研一『実験経済学入門』新世社，2015 年のほか，西條辰義編『実験経済学』NTT 出版，2007 年を参照して下さい。

の方法として確立されています。ここでは，日本経済史を舞台にして自然実験を行った研究を紹介しましょう。

　国際経済学に関する最も基本的な命題に比較優位原理があります。19世紀イギリスの経済学者，デービッド・リカード（Ricardo, D.；1772-1823）が提唱し，20世紀になってヘクシャー（Heckscher, E. F.）とオリーン（Ohlin, B.G.）によって発展させられた理論です。最も簡単な2国（A国，B国），2財（x, y）の場合についてその骨子を要約すると次のようになります。貿易が存在しない状態（アウタルキー）を想定した場合の，A国，B国におけるx財，y財の価格をそれぞれ，P_x^A, P_y^A, P_x^B, P_y^Bとしましょう。このとき，例えば$P_x^A/P_y^A < P_x^B/P_y^B$であったとすると，A国はB国に対して$x$財を輸出して，B国から$y$財を輸入するというのが，比較優位原理の骨子です。アウタルキーにおける各国内の相対価格を国際間で比較するという点が核心です。

　一方で，現実には，各国とも貿易を行っています。そのため，比較優位原理を現代のデータを用いて直接にテストすることはできません。しかし，日本の歴史を遡ると，好都合なケースがあることに気が付くと思います。江戸時代のいわゆる鎖国がそれです。鎖国について，近年の歴史研究は，それが文字通りのアウタルキーを意味するものでなかったことを強調する傾向にあります。長崎における対オランダ貿易，対馬藩を通じた対朝鮮貿易，薩摩藩を通じた対琉球貿易が，1639年のいわゆる鎖国完成後も継続していたからです。しかし，いずれの貿易も直接・間接に幕府の管理下にあり，しかも，鎖国以前に輸入されていた生糸・砂糖等の国内での代替生産が進むにつれて，貿易額は縮小して行きました。19世紀初めには，日本はアウタルキーに近い状態であったと考えられています[10]。

　ダニエル・ベルンフォーフェン（Bernhofen, D.）とジョン・ブラウン（Brown, J.）という2人の経済学者は，日本の鎖国に着目して，比較優位原理を実証的にテストすることを考えました[11]（次頁）。もっとも，アウタルキー

---

10) 新保博『近代日本経済史』創文社，1995年，pp. 10-12。

に近い状態のデータが利用できるのは日本1国なので，上で述べた形の仮説を直接にテストすることはできません。そこで彼らは，比較優位原理から，次のようなテスト可能な命題を引き出し，それを日本のデータを用いて検証しました。すなわち，アウタルキーにおける各財の価格で，貿易開始後の輸出財・輸入財の価格を評価して貿易収支を計算すると貿易収支はマイナスになるという命題です。これは，いいかえれば，アウタルキーでの価格が国際価格に比べて相対的に高い財が輸入され，相対的に低い財が輸出されるということです。彼らは，開港後（1868-75年）の輸出財・輸入財の数量データと開港前（1851-53年）の価格データから，開港後における日本の仮想的な貿易収支を計算し，それがマイナスであることを示しました。このような自然実験を用いた研究は，歴史が文字通り有効な実験室であることを示しています。

1.5　歴史的経路依存性

○『歴史のための弁明』

　最後に，経済史研究の意味の中で最も有力なものを取り上げたいと思います。20世紀フランスの歴史学者，マルク・ブロック（Bloch, M.；1886-1944）は，アナール派と呼ばれる歴史学の一学派の創始者となったという点で，1.2で言及したトインビーやカー以上に今日の歴史学に対して影響力の大きい歴史研究者です。ブロックはその生涯の最後に，「パパ，だから歴史が何の役に立つのか説明してよ」という有名な文章で始まる歴史学方法論の書物を遺しました[12]。その中で彼は，歴史を研究することなしに現在を完全

---

11) Daniel Bernhofen and John Brown, "A Direct Test of the Theory of Comparative Advantage：The Case of Japan," *The Journal of Political Economy*, 112(1)：48-67, 2004. この論文については清田耕造氏（横浜国立大学）から御教示を得ました。

12) マルク・ブロック『新版 歴史のための弁明——歴史家の仕事』松村剛訳，岩波書店，2004年。

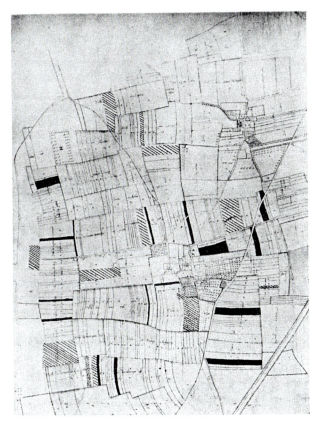

(出所) マルク・ブロック『フランス農村史の基本的性格』河野健二・飯沼二郎訳, 創文社, 1959年, 第Ⅲ図。

図 1.4 北フランス, カーン地方の農地 (18世紀)

に理解できるという考え方について, それは「多くの社会的創造物に特有な惰力というものを忘れ」ていると批判しています。

その論拠として, 彼は, 北フランスの耕地の形状を挙げました。北フランスの耕地は小さく区分された独特の形をしています。

図 1.4 はブロックの別の著書から転載した, 18世紀末における北フラン

ス，カーン地方の農地の地図です[13]。農地が細長く，小さい地片に区切られていることがわかると思います。そして黒く塗られている地片，斜線が引かれている地片がそれぞれ1人の農民の保有地です。1人の農民が多くの分散した地片を保有していたわけです。そしてこのような土地所有形態は少なくともブロックの時代には存続していました。

　それは現在の農作業の観点から見るとたいへんに非効率なものです。このような非効率な形状が現在広く存在している理由について，現在の諸条件を観察しただけでは説明できないというのが彼の主張です。その形状は過去からの時間の経過の中で形成されてきたものであり，歴史を調べることによってはじめてその存在理由を説明できる，というわけです[14]。

○ 歴史とQWERTY

　ブロックの議論は，今日，「経路依存性」(path dependence) と呼ばれている現象を的確に捉えています。ブロックの没後約40年が経過した1985年に，経路依存性の役割をあらためて強調し，その経済理論的根拠を示した論文が発表されました。ポール・デービッド（David, P.）というアメリカの経済史研究者が書いた「Clio（歴史の女神）とQWERTY経済学」という論文です[15]。さまざまな機会にしばしば言及される有名な論文なので，少し詳しく内容を紹介したいと思います。

　デービッドは，「世の中がどのようにしてそうなったかを理解することなしに，その論理ないし非論理を明らかにすることができない場合がある」と論じています。これはまさに，ブロックが提起した論点です。デービッドは，その理由を，一連の経済的変化において，最終的な結果が時間的に離れた出来事から重要な影響を受けるという現象，すなわち経路依存性に求めました。

---

13) マルク・ブロック『フランス農村史の基本的性格』河野健二・飯沼二郎訳，創文社，1959年。
14) 同書，pp. 21-22。
15) Paul David, "Clio and the Economics of QWERTY," *The American Economic Review*, vol. 75 (2) : 332-5，1985。

QWERTY キーボード

DSK キーボード

図 1.5　旧式タイプライターと2種類のキーボード

1.5 歴史的経路依存性

　彼は経路依存性を例証するため，タイプライターやコンピュータのキーボードのキー配置に焦点を当てました。

　今日，使われているコンピュータのキーボードのほとんどは，左上角からQ，W，E，R，T，Y，…という順にキーが配置されています（図 1.5）。これは，北フランスの耕地の形状と同じように，一見してたいへん不思議な配列です。なぜ，A，B，C，D，Eのようなわかりやすい配置になっていないのでしょうか。これは，最初にキーボードに向かった人がかならずいだく疑問です。すぐに思いつく理由は，実は，慣れてくると，このキー配置が最もタイピングに合理的だからではないかというものです。しかし，デービッドによると，そうではありません。かつて，QWERTY キーボードとは異なるキー配置を持つ DSK というキーボードがありました。タイピングのための合理的キー配置という点で，DSK が QWERTY よりすぐれていることは客観的な根拠があります。第一に，タイピング速度の世界記録は，QWERTY ではなく DSK で達成されています。第二に，1940 年代にアメリカ海軍が行った調査は，DSK の方が QWERTY よりタイプ効率が高く，しかも，DSKを使用するために必要なタイピストの再訓練費用は 10 日の能率上昇分によ

ってカバーできることを報告しています。

　これらの事実を考慮すると，現在時点でQWERTYキーボードの特性をいくら調べても，それが今日，広く普及している理由は説明できないことがわかります。その理由を説明するためにはタイプライターの歴史を調べる必要があるのです。タイプライターは，1860年代，アメリカで印刷業を営んでいたクリストファー・ショールズとその友人によって発明されました。しかし，当時のタイプライターには，大きな欠点がありました。当時のタイプライターは，それぞれの活字が金属製の棒の先についているという構造になっていました（図1.5）。この構造のタイプライターでは，互いに近くにあるキーを短い時間間隔でたたくと，活字を支えている棒が絡んでしまいます。この問題を避けるためには，近くのキーが短い間隔でたたかれないようにすればよく，そのための工夫としてQWERTYというキー配置が考案されました。QWERTY配列は，当時のタイプライターの構造を前提とすれば，合理的に設計されたものだったことになります。

○ 補完性とネットワーク外部性

　しかし，1960年代初めにIBM社によりゴルフ・ボール状の球の表面に活字を組み込んで，それが電気的に作動して印字するタイプライターが登場し，活字を支える金属棒は必要がなくなりました。さらに，いうまでもなく，コンピュータには活字すら組み込まれていません。それにもかかわらず，なぜQWERTYキーボードは今日，広く使われ続けているのでしょうか。

　その理由は経済理論によって説明することができます。第一に，キーボードというハードウェアとタイプ技能というソフトウェアの間に補完性があります。すなわち，ユーザーの側から見ると，QWERTYキーボードを効率的に使いこなすためには，それに合ったタイプ技能を身につける必要があります。キーボード・メーカーの側から見ると，あるタイプのキーボードを使う技能を持つ人が多いほど，そのタイプのキーボードはよく売れるということ

になります。

　第二に，キーボードに関する消費には，ネットワーク外部性と呼ばれる一種の外部性があります。すなわち，あるタイプのキーボードを使っているユーザーの数が多いほど，あるユーザーがそのタイプのキーボードを使うことの効用が高いという性質です。QWERTYキーボードを使う技能を持っていれば，自分の家だけでなく，学校でも，会社でも，あるいは外国に行っても，その技能を使って効率的にタイプができることを考えると理解しやすいでしょう[16]。

　補完性とネットワーク外部性のために，19世紀後半にいったん普及したQWERTYキーボードは，150年近く経過した現在も，デファクト・スタンダード（事実上の標準）の地位を維持しているわけです。このように述べると，補完性と外部性によってQWERTYが支配的な状態が説明できるのだから，やはり歴史研究は必要ないと思われるかもしれません。しかし，そうではありません。理論的に説明できるのは，いったん選択されたQWERTYが支配的な状態が，なぜ維持されているかということであり，なぜその状態に到達したかは歴史を見ることによって初めて説明できるからです。デービッドの経路依存性のストーリーは，マルク・ブロックをはじめとする多くの歴史学者が直感的に理解していた歴史研究の意味に，明快で説得力のある理論的根拠を与えました[17]。

　経路依存性は，ゲーム理論を用いて表現することができます。ゲーム理論は，ミクロ経済学の柱の一つとなっている理論で，その中心的な概念がナッシュ均衡です。ゲーム理論では，ゲームに参加する複数のプレイヤーがある戦略，すなわち行動ないし行動計画を選択し，それら戦略の間に相互作用が

---

16) ネットワーク外部性については，例えばジャン・ティロールの産業組織論に関する教科書（Jean Tirole, *The Theory of Industrial Organization*, Cambridge, MA : MIT Press, 1988）の 404-406 頁を参照して下さい。

17) QWERTYの普及をネットワーク外部性と経路依存性を示す事例とすることには批判があります。スタン・リーボウィッツとステファン・マルゴリスは，DSKがより効率的なキーボードのデザインであったというデービッドの議論の前提は事実に反しており，QWERTYの普及には合理的な理由があったとしています（Stan J. Liebowitz and Stephen E. Margolis, "The Fable of the Keys," *Journal of Law and Economics*, 33(1) : 1-25, 1990）。

表 1.1　キーボードの選択の数値例

		[プレイヤー 2]	
		QWERTY	DSK
[プレイヤー 1]	QWERTY	2, 2	1, 2
	DSK	2, 1	3, 3

あるという状況を想定します。あるプレイヤーがある戦略をとることによって得られる利得が，他のプレイヤーが選ぶ戦略に依存するという状況です。そして，ナッシュ均衡は，いずれのプレイヤーも，自分の戦略を変更することによって自分の利得を増やすことができない状態をいいます。このような状態にある場合，いずれもプレイヤーにも，自分の戦略を変更するインセンティブ（誘因）がなく，したがって，その状態が持続することになります。

　具体的な数値例を使って説明しましょう。ゲームを表現する一つの方法として，上に示すような表があります（表1.1）。ゲームの戦略形と呼ばれる表現方法です。表のプレイヤー1の隣に書いてあるQWERTY，DSKはプレイヤー1の戦略，プレイヤー2の下のQWERTY，DSKはプレイヤー2の戦略を示します。この場合，プレイヤーが2人で，それぞれが採り得る戦略が2種類ですから，可能な戦略の組合せは，2×2＝4通りとなります。表の4つのセルの中に書かれている (2, 2) といった数字の組は，ある戦略の組合せが選択された場合に，プレイヤー1とプレイヤー2が得る利得を示します。左側の数字がプレイヤー1，右側の数字がプレイヤー2の利得です。すなわち，左上のセルに (2, 2) と書いてあるのはプレイヤー1とプレイヤー2がともにQWERTY戦略を採った場合，それぞれのプレイヤーが2の利得を得ることを意味します。同様に，右上のセルに (1, 2) と書いてあるのはプレイヤー1がQWERTY，プレイヤー2がDSKを選択した場合，2人のプレイ

ヤーの利得がそれぞれ 1，2 になることを示します。

　上の表の数値例は，キーボードのタイプにネットワーク外部性がある場合を表現しています。2 人のプレイヤーが同じタイプのキーボードを選べば，相手が異なるタイプを選んだ場合に比べて高い利得が得られるからです。社会の他の構成員と同じキーボードに習熟していることにメリットがあるというネットワーク外部性の特徴を，このような利得の構造によって表現しています。

　このゲームには 2 つのナッシュ均衡があります。QWERTY-QWERTY と DSK-DSK です。前者の状態にある場合，プレイヤー 1 が DSK に戦略を変更しても，自分の利得は 2 で変わりません。またプレイヤー 2 が DSK に戦略を変更しても，自分の利得は 2 のままです。したがって QWERTY-QWERTY はナッシュ均衡です。DSK-DSK の状態にある場合はどうでしょうか。この場合は，プレイヤー 1，プレイヤー 2 のいずれに関しても，QWERTY に戦略を変更すると自分の利得が下がってしまいます。したがって，DSK-DSK もナッシュ均衡です。

　これに対して，QWERTY-DSK の場合，プレイヤー 1 は戦略を DSK に変更することによって利得が 1 から 3 に増えることが期待できます。したがって，この状態はナッシュ均衡ではありません。同様のことは DSK-QWERTY の状態についてもいえます。プレイヤー 2 が QWERTY から DSK に戦略を変更することによってその利得が 1 から 3 に増えるからです。

　以上のように，表 1.1 のゲームには 2 つのナッシュ均衡があります。こうした状況を複数均衡が存在するといいます。このような場合，複数の均衡のうち，どちらが選ばれるかを演繹的に導くことはできません。いったん QWERTY-QWERTY 均衡が成立すると，プレイヤーたちはその均衡から離れるインセンティブを持たず，その状態が安定します。すなわち，ある歴史的な事情によって過去に QWERTY-QWERTY が選ばれたことが，現在，DSK-DSK ではなく，QWERTY-QWERTY が選ばれていることの理由になるわけです。一方，過去に別の歴史的事情で DSK-DSK が選ばれたとすれ

ば，現在も DSK-DSK が選ばれることになります。均衡の選択に経路依存性があるわけです。

　また，2つの均衡を比較すると，QWERTY-QWERTY の場合の利得が (2, 2)，DSK-DSK の場合の利得が (3, 3) となっています。これは，タイピングの技術的合理性の観点からは DSK の方が相対的に優れていることを表現したものです。言いかえれば，この数値例では，DSK-DSK 均衡は QWERTY-QWERTY 均衡より「パレート優位」，逆に QWERTY-QWERTY 均衡は DSK-DSK 均衡より「パレート劣位」にあります。QWERTY-QWERTY 均衡にある場合，2人のプレイヤーがともにより利得が多くなる状態が他にあるにもかかわらず，QWERTY－QWERTY で安定してしまいます。このように，複数均衡に基づく経路依存性の結果，パレート劣位な均衡が選ばれ続けることがあり得ます。

理解と思考のための問題

1.1　多くの日本の会社は，社史とよばれる会社の歴史に関する本を編纂しています。戦前に設立された会社の社史を参照して，戦前日本の雇用慣行について調べて下さい。

1.2　高橋亀吉・森垣淑『昭和金融恐慌史』（講談社学術文庫，1993年）に基づき，1927年の昭和金融恐慌について，預金引出リスク仮説，非対称情報仮説それぞれの妥当性を考察してみましょう。

1.3　ケインジアンの立場からのアメリカ大恐慌に関する研究として Peter Temin, *Lessons from the Great Depression* (Cambridge, MA : MIT Press, 1989) があります。大恐慌に関するテーミンの見方と，フリードマン=シュワルツの *A Monetary History of the United States*（本文脚注7参照）第7章の見方を比較して下さい。

1.4　鎖国から開放経済への移行が，日本経済にどのような影響を与えたかを調べてみましょう。

1.5　QWERTY キーボードの他に，歴史的経路依存性が認められる事象にはどのようなものがあるでしょうか。例を考えて下さい。

第 2 章

経済成長

　サイモン・クズネッツにはじまる国民所得の長期推計によって，長期的な経済成長のプロセスを客観的に把握できるようになりました。人類の全体ではないにしても，少なくともそのある部分は，遅くとも19世紀初め以降，1人当たりGDPの持続的な成長を享受してきました。経済成長は古くから経済学者の関心を集め，標準的な理論が確立されています。新古典派成長理論（ロバート・ソローの成長モデル）は，貯蓄率，人口成長率，技術進歩率，資本減耗率という4つのパラメータを含む簡単なモデルによって，経済成長をうまく描写することができます。そして実証的にも，これらのパラメータによって，国々の間における1人当たりGDPのバラツキがかなりよく説明できます。しかし，これらのパラメータ自体の決定要因，およびソロー・モデルで説明できない残差部分について，多くの研究課題が残されています。

○ KEY WORDS ○
国民経済計算，新古典派成長理論，貯蓄率，
人口成長率，技術進歩率，資本減耗率，人的資本

2.1　経済成長とその測定

○　サイモン・クズネッツと GNP の長期推計

　経済史と関連が深い経済学のトピックに経済成長があります。経済成長というのは，ある国，ある地域，ないし最も大きくは世界全体における経済活動が長期的に拡大して行く現象をいいます。経済成長について議論する場合，通常，経済の規模を，GDP（国内総生産）あるいは GNP（国民総生産）で測ります。今日では，GDP は国民経済計算の一環として各国の政府が算定して発表していますし，世界銀行や OECD のような国際機関が，国際的に比較可能なデータを提供しています。しかし，各国政府が GDP（GNP）を毎年計算して発表するようになったのは，第二次世界大戦後のことです。それ以前の時期について GDP（GNP）のデータを得ようとすると，研究者が，独自に推計する必要があります。すなわち，現在，各国政府が GDP を計算する際に用いる生産額，原材料使用額，流通マージンなどの原データを過去に遡って収集し，それをもとに，今日の国民経済計算の方式にしたがって GDP を算定するわけです。

　こうした作業を最初に体系的に行ったのは，サイモン・クズネッツ（Kuznets, S. S.）というアメリカの経済学者です。『経済成長──六つの講義』[1]や『近代経済成長の分析』[2]にまとめられた彼の業績によって，われわれは，19 世紀以来の主要国の経済成長を定量的に把握することができるようになりました。GDP の長期遡及推計の作業は，その後アンガス・マディソン（Maddison, A.）等に継承され，今日では，マディソンの推計が研究者によって広く用いられています。因みにマディソンが構築したデータ・ベー

---
1 ）サイモン・クズネッツ『経済成長──六つの講義』長谷部亮一訳，巖松堂，1961 年。
2 ）サイモン・クズネッツ『近代経済成長の分析』塩野谷祐一訳，東洋経済新報社，1971 年。

表2.1 世界経済の超長期成長

(a) 実数

年	人口 （100万人）	GDP （1990年：10億ドル）	1人当たりGDP （1990年：ドル）
1500	425	240	565
1820	1,068	685	651
1992	5,441	27,995	5,145

(b) 成長率

年	人口（％）	GDP（％）	1人当たりGDP（％）
1500-1820	0.29	0.33	0.04
1820-1992	0.95	2.17	1.21

（出所）アンガス・マディソン『世界経済の成長史――1820～1992年』金森久雄監訳, 東洋経済新報社, 2000年, p.6。

スの日本に関する部分は，大川一司を中心とする一橋大学の研究グループの推計によるものです。

表2.1は，マディソンが推計した16世紀初め以来の超長期の経済成長を示すデータです[3]。第一に注目されるのは，世界経済が16世紀から成長を続けてきたという事実です。第二に，しかし，成長率は時期によって大きく異なりました。1500年～1820年の人口1人当たりGDPの成長は年率で0.04％にすぎませんでした。これは1人当たりGDPが2倍になるのに1700年以上かかるという低い成長率です。

仮に人生が60年であったとすると，その間に1人当たりGDPが2.4％増加する成長率と言いかえることもできます。おそらく，当時生きていた人々は，生活が時間の経過とともに豊かになっていくという実感を持つこと

3）アンガス・マディソン『世界経済の成長史――1820～1992年』金森久雄監訳, 東洋経済新報社, 2000年。

はできなかったでしょう。経済成長の観点から見ると，19世紀初めまでの世界経済は停滞的であったといえます。これに対して，1820年以降の1人当たりGDP成長率は，年率1.21%に上昇しました。この率で持続的に成長すると，60年で1人当たりGDPは2.06倍になります。これは人々が所得水準の上昇を実感できる成長率だと思います。

◯ 地域間所得格差の長期動態

1820年以降については，国別のGDP推計が利用可能です。表2.2はそれをいくつかの地域に集約して示しています。マディソンが西ヨーロッパ分枝と区分しているのは，西ヨーロッパ人が入植して建国したアメリカ，カナダ，オーストラリア，ニュージーランドの4カ国です。ここからいくつかの興味深い観察が得られます。

第一に，1820年時点ですでに，かなりの地域間所得格差がありました。1人当たりGDPは西ヨーロッパが最も高く，その水準は，最も低かったアフリカの2.87倍に相当します。この事実は，西ヨーロッパを含むいくつかの地域では，すでに1820年以前からかなりの経済成長が生じていたことを示唆しています。

第二に，地域間所得格差は，その後，1990年代に至る約170年間に拡大傾向をたどりました。1992年には西ヨーロッパ分枝地域が西ヨーロッパを抜いて，1人当たりGDPが最も高くなりますが，その水準は，引き続き最も低い水準にあったアフリカの16.24倍に達します。こうした所得格差の原因については，経済成長に関する理論を説明した後でもう一度戻ることにしましょう。

第三に，1820年における西ヨーロッパ，西ヨーロッパ分枝地域の1人当たりGDPの水準は，ちょうど1992年のアフリカのそれと一致します。第1章でふれたように，19世紀初めには，今日の先進国も今日の発展途上国並みの所得水準にあったわけです。

表 2.2 地域間所得格差の長期動態

地域	人口（100万人）		1人当たり GDP（1990年ドル）	
	1820年	1992年	1820年	1992年
西ヨーロッパ	103	303	1,292	17,387
西ヨーロッパ分枝	11	305	1,205	20,850
南ヨーロッパ	34	123	804	8,287
東ヨーロッパ	90	431	772	4,665
ラテンアメリカ	20	462	679	4,820
アジア・オセアニア	736	3,163	550	3,252
アフリカ	73	656	450	1,284
計	1,068	5,441	651	5,145

（出所）マディソン前掲書, p.7。

2.2　新古典派成長理論

◯ ロバート・ソローの成長モデル

　前節で見たように，ある国や地域の GDP，あるいは1人当たり GDP が長期的に成長していくという現象は，どのようなメカニズムで起こるのでしょうか。これが経済成長理論と呼ばれる経済理論の基本的な問題です。経済成長理論の研究には，アダム・スミス（Smith, A.；1723-90）以来，デービッド・リカードやカール・マルクスを含む多くの経済学者が取り組んできましたが，今日，広く参照されるのは，1950年代にロバート・ソロー（Solow, R. M.）が確立した新古典派成長理論以降のものです。ここでは，まず，今

日でもなお，経済成長を理解する際の基本的な参照枠とされているソローの成長モデルについて詳しく説明します[4]。

ソロー・モデルの基本となるのは，次のような生産関数，すなわち，生産要素投入と産出の関係を表す関数です．

$$Y_t = F(K_t, L_t) \tag{2.1}$$

Y_t は産出（GDP），K_t は資本ストック，L_t は労働力を表します．小さな t は時点 t の値であることを示します．第1章で述べたマルクスの場合と異なって，ここでは資本は再生産が可能で，耐久性がある物的な生産要素，簡単にいえば機械・設備を意味します．この生産関数 $F(K_t, L_t)$ の性質として，規模に関して収穫一定を仮定します．これは，ここで考慮に入れている2つの生産要素 K_t と L_t の両方を同時に λ 倍すると，産出 Y_t も λ 倍になることを意味します．すなわち

$$F(\lambda K_t, \lambda L_t) = \lambda F(K_t, L_t)$$

です．この仮定を用いると生産関数の表現を簡単化することができます．すなわち（2.1）式の両辺を $\frac{1}{L_t}$ 倍すると

$$\frac{Y_t}{L_t} = F\left(\frac{K_t}{L_t}, 1\right)$$

となります．$\frac{Y_t}{L_t}$ は1人当たり産出あるいは労働生産性，$\frac{K_t}{L_t}$ は資本-労働比率です．それぞれ y_t, k_t と書くことにすると，結局，生産関数は

$$y_t = f(k_t) \tag{2.2}$$

と書き直すことができます．すなわち，労働生産性が資本-労働比率の関数として表されます．この関数は通常，図2.1のような形をしていると仮定されます．式で書くと，

$$f'(k_t) > 0, \quad f''(k_t) < 0 \tag{2.3}$$

です．すなわち，労働生産性は資本-労働比率が大きくなるほど高くなる一方，労働生産性の上がり方は，資本-労働比率が大きくなるにつれてしだい

4）ロバート・ソロー『成長理論』第2版，福岡正夫訳，岩波書店，2000年．経済成長に関する教科書については文献案内を参照して下さい．

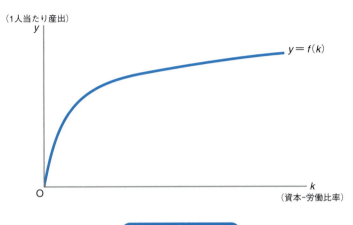

図2.1　生産関数

に緩やかになっていくと仮定します。

○ ソローの基本方程式

生産関数 $f(k_t)$ が与えられると，k_t の動きによって y_t の動きが決まります。そこで，次に時間の経過とともに k_t がどのように動いていくかを考えます。そのためにまず，$k_t = \dfrac{K_t}{L_t}$ という式の両辺の自然対数をとります。

$$\ln(k_t) = \ln\left(\frac{K_t}{L_t}\right) = \ln(K_t) - \ln(L_t) \tag{2.4}$$

そして，この (2.4) 式を時間に関して微分します。そうすると

$$\frac{\dot{k_t}}{k_t} = \frac{\dot{K_t}}{K_t} - \frac{\dot{L_t}}{L_t} \tag{2.5}$$

となります。変数の上に・がついているのは，その変数の時間に関する微分を意味します。例えば $\dot{k_t} = \dfrac{dk_t}{dt}$ です。(2.5) 式の導出にあたっては対数関数の微分の公式と合成関数の微分の公式を使っています。対数関数について

は
$$\frac{d\ln(x)}{dx} = \frac{1}{x}$$
となります。また，合成関数については，$z = G(X)$，$X = g(x)$ とすると，
$$\frac{dz}{dx} = \frac{dG(X)}{dX} \cdot \frac{dg(x)}{dx}$$
となります。

(2.4) 式は k_t の増加率は資本ストック増加率と労働力増加率（人口成長率）の差に等しいという関係を示しています。ここでは，労働力増加率は外生的に与えられていると考えて，$\frac{\dot{L_t}}{L_t} = n$ とします。そうすると，問題は資本ストック増加率の動きに絞られます。資本ストックは投資（I）によって増加します。しかし一方で，資本ストックはそれを使用することによって減耗して行きます。投資と減耗が資本ストックの動きを決めるわけです。減耗については，毎期一定の率 δ で生じると仮定します。一方，投資には，毎期の産出のうち消費されないで貯蓄される部分が充てられると考えます。そしてソロー・モデルでは貯蓄 S は産出の一定比率 s で行われると仮定します。すなわち $I_t = S_t = sY_t$ です。これを用いると，

$$\dot{K_t} = sY_t - \delta K_t$$

となり，これを (2.5) 式に代入すると，

$$\begin{aligned}\frac{\dot{k_t}}{k_t} &= \frac{sY_t - \delta K_t}{K_t} - \frac{\dot{L_t}}{L_t} \\ &= \frac{sY_t}{K_t} - \delta - n \\ &= \frac{sy_t}{k_t} - \delta - n\end{aligned}$$

となり，両辺に k を掛けて

$$\dot{k_t} = sy_t - (n+\delta)k_t \qquad (2.6)$$

という式が得られます。この式が，ソロー・モデルの基本方程式です。左辺

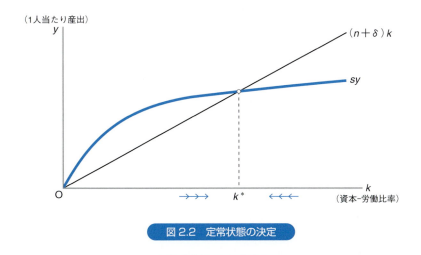

図2.2 定常状態の決定

は資本-労働比率の毎期の増加分です。右辺第1項は毎期の投資で，これが資本-労働比率の上昇に寄与します。他方，右辺第2項は資本-労働比率の低下に寄与する要因です。すなわち，資本減耗と労働力の増加は，資本-労働比率を下げる方向に作用します。

○ 定 常 状 態

　ソロー・モデルの利点は，このたいへん簡単な式で，経済成長のプロセスを描写できる点です。(2.6) 式を図示すると，図2.2 のようになります。この図では，(2.6) 式の右辺第1項と第2項が別のグラフとして描かれています。2つのグラフの交点では，(2.6) 式の値がゼロになっています。これは，その点では，$\dot{k}_t$ が0，すなわち，k_t がまったく増減しないことを意味します。交点に対応する k_t を k^* と書くことにしましょう。

　それでは交点より左側の領域では何が起こるでしょうか。ここでは，k_t の増加要因が減少要因を上回っています。したがって $\dot{k}_t > 0$ で，k_t は時間

とともに上昇していきます。他方，交点の右側の領域では k_t の減少要因が増加要因を上回っており，$\dot{k}_t < 0$ です。したがって k_t は時間とともに低下していきます。以上から，結局，ある時点で k_t がどこにあっても，最終的に k^* に収束することがわかります。このように k_t が一定となる状態を，定常状態と呼びます。

定常状態にある経済は，どのようにふるまうでしょうか。定常状態では k_t が k^* で一定ですから 1 人当たり産出 y_t も $f(k^*)$ で一定になります。一方で，労働力は n の率で成長することが仮定されていますから，$Y_t = y_t L_t$ は同じく n の率で成長します。すなわち (2.5) 式で描写される経済では，定常状態において，1 人当たり産出 y_t が一定で，産出 Y_t が労働力と同じ速さで成長します。

◯ 技術進歩の導入

しかし，すぐに気が付くように，この含意と前節で見た経済成長の経験的データとの間には大きな距離があります。数百年来，特に 19 世紀初め以来，世界で，1 人当たり GDP が長期的に成長してきたからです。(2.6) 式のモデルと現実の間のギャップを埋めるのは技術進歩です。好都合なことに，(2.6) 式のモデルは，容易に技術進歩を含むモデルに拡張することができます。技術進歩を組み込むために，労働力を人数ではなく，効率単位で測ります。A_t を労働力の効率性を表す変数とすると，効率単位で測った労働力は $A_t L_t$ と書くことができ，生産関数は $Y_t = F(K_t, A_t L_t)$ となります。そして，両辺を L_t の代わりに $A_t L_t$ で割ることによって

$$\frac{Y_t}{A_t L_t} = f\left(\frac{K_t}{A_t L_t}, 1\right)$$

が得られます。煩雑になることを避けるために，同じ記号を使って，$\frac{Y_t}{A_t L_t} = y_t$，$\frac{K_t}{A_t L_t} = k_t$ と書くことにすると，生産関数は上と同じく，$y_t = f(k_t)$ と書くことができます。この後の計算は上とほとんど同様で，

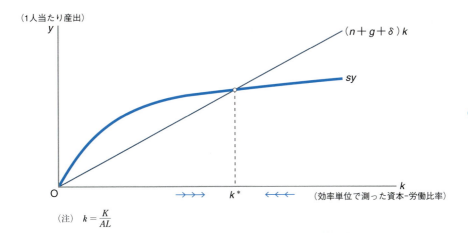

図 2.3　定常状態の決定（技術進歩を含むモデル）

$$\frac{\dot{k}_t}{k_t} = \frac{sY_t - \delta K_t}{K_t} - \frac{\dot{A}_t}{A_t} - \frac{\dot{L}_t}{L_t}$$
$$= \frac{sy_t}{k_t} - \delta - n - \frac{\dot{A}_t}{A_t} \quad (2.7)$$

となります。$\frac{\dot{A}_t}{A_t}$ は労働力の効率性の上昇率ですから，これは技術進歩率と言いかえることができます。これを g と書くことにすると，結局，(2.6) 式に対応する基本方程式は

$$\dot{k}_t = sy_t - (n+g+\delta)k_t \quad (2.8)$$

となります。この式を図示すると図 2.3 のようになります。図 2.2 の場合と同様に，2 つのグラフの交点に対応する k^* でこの経済は定常状態となります。すなわち，その点で k_t は一定となり，k_t がそれより左側にあると k_t は k^* に向かって上昇，逆に右側にあると k^* に向かって低下します。k^* においては，k_t が一定になるため，y_t も一定となります。しかし，技術進歩

がない場合と異なって，今回は $y_t = \dfrac{Y_t}{A_t L_t}$ なので，労働者1人当たりの産出 $\dfrac{Y_t}{L_t}$ は，定常状態において，A_t の成長率 g で成長します。言いかえれば，(2.8) 式で表現されるモデルでは，定常状態における労働者1人当たり産出の成長率は，技術進歩率に一致します。したがって，産出 Y_t の成長率は，技術進歩率と人口成長率の和，$g+n$ となります。

2.3 理論と現実

○ 人的資本の導入

ソロー・モデルの長所は，簡単なモデルによって経済成長を描写できるだけでなく，実証的にテスト可能な含意をそこから引き出し得る点にあります。この点に着目して実証研究を行ったのは，グレゴリー・マンキュー（Mankiw, N. G.），デービット・ローマー（Romer, D.），デービット・ワイル（Weil, D. N.）の3人の経済学者です。彼らは，ソロー・モデルから，1人当たり産出に関する含意を引き出し，それを，国別のクロスセクション・データ（クロスカントリー・データ）を用いてテストしました[5]。

実証分析に応用するために，まず生産関数 $Y_t = F(K_t, A_t L_t)$ を，次のように特定化します。

$$Y_t = K_t^{\alpha}(A_t L_t)^{1-\alpha} \tag{2.9}$$

これを用いて (2.8) 式を書き直すと，

$$\dot{k}_t = s k_t^{\alpha} - (n+g+\delta)k_t \tag{2.10}$$

5） N.Gregory Mankiw, David Romer and David N. Weil, "A Contribution to the Empirics of Economic Growth," *The Quarterly Journal of Economics*, 107(2)：407-37, 1992.

となります。(2.10) 式から定常状態における k_t，すなわち k^* の値を求めることができます。すなわち，

$$k^* = \left(\frac{s}{n+g+\delta}\right)^{\frac{1}{1-\alpha}} \qquad (2.11)$$

です。これを生産関数 (2.9) 式に代入して対数をとると，定常状態における1人当たり GDP の水準を示す式として，

$$\ln\left(\frac{Y_t}{L_t}\right) = \ln A_0 + gt + \left(\frac{\alpha}{1-\alpha}\right)\ln(s) - \left(\frac{\alpha}{1-\alpha}\right)\ln(n+g+\delta) \qquad (2.12)$$

が得られます。

マンキュー等は，モデルをより現実的にするために，ソロー・モデルに若干の拡張を行いました。ソロー・モデルは資本として物的資本しか考慮していませんが，それと並んで人的資本をモデルに導入した点です。その場合，人的資本のストックを H_t として，生産関数は，

$$Y_t = K_t^\alpha H_t^\beta (A_t L_t)^{1-\alpha-\beta} \qquad (2.13)$$

と書くことができます。物的資本の投資率，人的資本の投資率を s_k，s_h と区別すると，人的資本を含まないモデルの (2.9) 式に対応する式として，

$$\dot{k}_t = s_k k_t^\alpha h_t^\beta - (n+g+\delta)k_t \qquad (2.14)$$

$$\dot{h}_t = s_h k_t^\alpha h_t^\beta - (n+g+\delta)h_t \qquad (2.15)$$

が得られます。h_t は $\frac{H_t}{A_t L_t}$ です。そして，これら2つの式から定常状態における k_t と h_t を次のように求めることができます。

$$k^* = \left(\frac{s_k^{1-\beta} s_h^\beta}{n+g+\delta}\right)^{\frac{1}{1-\alpha-\beta}} \qquad (2.16)$$

$$h^* = \left(\frac{s_k^\alpha s_h^{1-\alpha}}{n+g+\delta}\right)^{\frac{1}{1-\alpha-\beta}} \qquad (2.17)$$

これを生産関数 (2.13) に代入して対数をとると，(2.12) 式に対応する式として，

$$\ln\left(\frac{Y_t}{L_t}\right) = \ln A_0 + gt - \left(\frac{\alpha+\beta}{1-\alpha-\beta}\right)\ln(n+g+\delta)$$
$$+ \left(\frac{\alpha}{1-\alpha-\beta}\right)\ln(s_k) + \frac{\beta}{1-\alpha-\beta}\ln(s_h) \quad (2.18)$$

が得られます。

○ 実証分析と残された課題

(2.18) 式は，人的資本を導入したソロー・モデルから導かれる，定常状態における1人当たりGDPの決定要因を示しています。右辺の第1項と第2項を別とすると，決定要因は人口成長率と技術進歩率と資本減耗率の合計の対数値（$\ln(n+g+\delta)$），物的資本の投資率の対数値（$\ln(s_k)$），人的資本の投資率の対数値（$\ln(s_h)$）の3つです。マンキュー等は，1985年のクロスカントリー・データ（非産油国98カ国）を用いて，生産年齢人口1人当たりGDPの対数値を，これら3つの要因に回帰しました。(2.18) 式の右辺第1項と第2項は誤差項に含まれることになります。s_k は1960-85年の物的資本投資/GDP，s_h は1960-85年における中等教育就学者/生産年齢人口によって測ります。$g+\delta$ は各国共通に0.05と仮定されます。結果は，表2.3の通りです。

この表の左側の列の定数項から $\ln(s_h)$ までは (2.18) 式の右辺の変数です。2番目の列の6.89から0.66までは，それぞれの変数の係数の推定結果を示しています。すなわち，表2.3は，

1人当たりGDP＝6.89＋0.69$\ln(s_k)$－1.73$\ln(n+g+\sigma)$＋0.66$\ln(s_h)$＋e

という式を示しています。e は誤差項です。表の（ ）内の数字は各係数の推定値の標準誤差で，推定値が各係数の真の値の周辺にどの程度分散しているかを示します。この値が推定された係数の絶対値に比べて大きい場合，例えば推定された係数の値が正であっても，係数の真の値は0や負である確率が無視できないということになります。adR^2 は自由度修正済決定係数を示

表 2.3　国の豊かさと新古典派成長モデル

被説明変数：生産年齢人口1人当たり GDP（1985年）	
定数項	6.89 (1.17)
$\ln(s_k)$	0.69 (0.13)
$\ln(n+g+\delta)$	−1.73 (0.41)
$\ln(s_h)$	0.66 (0.07)
adR^2	0.78
観測数	98

(注)　（　）内は標準誤差。
(出所)　Mankiw et al., op. cit.

します。決定係数は被説明変数の変動のうち回帰式によって説明される部分の比率で，回帰式のあてはまりの良さの指標です。この値は説明変数を増やすことによって上昇しますので，その影響を修正した指標が自由度修正済決定係数です。

　係数はいずれも有意で，符号も期待された通りです。すなわち，物的資本への投資率が高い国ほど，人口成長率が低い国ほど，そして人的資本への投資率が大きい国ほど1人当たり GDP が高いという関係があります。さらに，adR^2 の高さが注目されます。0.78 という adR^2 は，人的資本を導入して拡張したソロー・モデルが，国々の間における1人当たり GDP のバラツキのうち約8割を説明できることを意味します。

　以上のように，新古典派経済成長理論に基づいて，国々の豊かさと貧しさを，かなりの程度説明することができます。しかし，これで経済発展について解明すべき問題が終わるわけではありません。上の実証分析では，成長モデルの基本的なパラメータが所与とされているからです。すなわち，s_k, s_h が国々の豊かさの相違を決めるうえで大きな役割を果たすことはわかりましたが，それでは，s_k, s_h はどのようにして決まるのでしょうか。また，0.78

という adR^2 は高いとはいえ，見方を変えれば，各国の1人当たり GDP の分散のうち，残り 22% が説明されていないことを意味します。この残差項の中には，(2.17) 式の $\ln A_0 + gt$，すなわち，初期時点の技術水準，技術進歩率，技術進歩の継続期間の国々の間の相違が含まれます。国によって，$\ln A_0 + gt$ はどの程度相違し，相違するとすればその理由は何でしょうか。開発経済学や経済史の研究者はこれらの問題に取り組んでいます。そして，以下の各章のトピックは，いずれもこれらの問題と密接な関係を持っています。そのため，各国・地域の1人当たり GDP やその成長率を被説明変数とする回帰分析は，それぞれの章の対象に関連する変数を説明変数に加えた形で，繰り返し取り上げられることになります[6]。

6）クロスカントリー・データを用いた経済成長率の実証分析に関する文献については，文献案内を参照して下さい。

理解と思考のための問題

2.1　大川一司・高松信清・山本有造『国民所得』(東洋経済新報社, 1974 年)の第 2 部を読み, 歴史統計の推計方法について学んで下さい。

2.2　安場保吉『経済成長論』(文献案内参照)を読んで, 経済成長理論と経済史の関係について考えてみましょう。

2.3　Nathan Rosenberg and L.E.Birdzell, *How the West Grew Rich : The Economic Transformation of the Industrial World* (New York : Basic Books, 1986) の第 8 章を読んで, 技術進歩の源泉について学んで下さい。

2.4　人口成長率 n が高い国と低い国, 貯蓄率 s が高い国と低い国をそれぞれ比較すると, 定常状態における 1 人当たり GDP はどちらが大きいでしょうか。ソロー・モデルを使って考えて下さい。

2.5　何らかの理由で, 資本・労働比率が定常状態の k^* より小さい値にある経済を考えます。1 人当たり GDP 成長率はどうなるでしょうか。

第3章

経済の歴史的発展に関するさまざまな見方

　経済成長理論が，経済が同じメカニズムによって持続的に拡大していくプロセスを取り扱うのに対して，経済発展メカニズム自体の時間的な変化，あるいは国の間の相違に焦点を当てるアプローチがあります。その一つは経済発展段階論で，特にカール・マルクスの理論が特に強い影響力を持ってきました。しかし，発展段階論は，特定の時期に特定の地域でのみ経済発展が生じてきたという事実，および「段階」の異なる地域の間に相互作用があることを視野に入れていません。

　前者はマックス・ウェーバーが宗教社会学の立場から取り組んだ問題，後者はアレキサンダー・ガーシェンクロンが経済的後進性仮説によって強調した論点です。ガーシェンクロン仮説は制度・組織の重要性に着目した点で，ダグラス・ノース等に始まる制度の経済史につながります。

○ KEY WORDS ○
経済発展段階論，資本の本源的蓄積，
宗教社会学，経済的後進性

3.1 経済発展段階論

○ 「生産様式」の発展段階

　第2章で説明した経済成長理論は，経済が同じメカニズムで連続的に拡大していくプロセスを分析するものでした。これに対して，同様に経済の時間的変化を対象としながら，その構造や，作用するメカニズムが，時間の経過とともに，段階的に変化していくという考え方があります。ここで段階的という場合，変化が不連続的，すなわち文字通り階段状に起こることが含意されています。このような考え方を経済発展段階論といい，19世紀のドイツで有力な地位を占めた歴史学派と呼ばれる経済学者のグループがそれを強調したことが知られています。そして，経済発展段階論は，同じくドイツで19世紀に生まれたカール・マルクスに継承されました。

　マルクスは，『経済学批判』と呼ばれる『資本論』の草稿の序論部分で，人類史全体を包括する次のような発展段階論を提唱しました[1]。すなわち，彼は，有史以前から彼が生きた19世紀までの期間に，経済は，アジア的，古典古代的，封建的，資本主義的という4つの「生産様式」を経過してきたと考えました。生産様式はマルクスの歴史理論の鍵となる概念の一つで，次のような意味で用いられます。マルクスは，経済発展の原動力を「生産力」の上昇と考えました。生産力は，技術が決める生産性，あるいは簡単に技術水準と考えていいでしょう。マルクスの基本的な考え方は，特定の範囲の生産力には特定の「生産関係」が対応するというものです。生産関係というのは，生産において人々が相互に取り結ぶ社会関係を指します。そして生産力とそれに対応する生産関係の組合せを，マルクスは生産様式と呼びました。

1）カール・マルクス『経済学批判』武田隆雄訳，岩波文庫，1956年。

この概念を用いて，マルクスは次のような歴史理論を提唱しました。ある生産関係が支配的な経済において，生産力が一定の範囲内にある間は，その生産関係は生産力の上昇を支えるとされます。しかし，生産力がさらに上昇してある範囲を超えると，逆に既存の生産関係が生産力の上昇を妨げるようになり，こうした生産力と生産関係の摩擦ないし相克がある臨界点を超えた時に，既存の生産関係が破壊されて次の生産関係に移行するというわけです。すなわち，ある生産力と生産関係の組合せ，すなわちある生産様式から次の生産様式に移行するとされます。マルクスはさらに進んで，生産様式に表現される経済的関係，「下部構造」が，政治・宗教・文化などの社会の「上部構造」を決定するという，いわゆる「唯物史観」を提唱しました。

　このようなマルクスの歴史理論は，社会主義運動の基礎として，強い政治的な影響力をもっただけでなく，社会・人文科学の諸分野に大きな影響を与えてきました。特に，第三の段階である封建的生産様式（封建制）から次の資本主義への移行は，多くの経済史研究者の関心を集めました。そこで，その過程に関するマルクスの説明を，もう少し詳しく見ることにしましょう。

○　「資本の本源的蓄積」

　マルクスは，封建制から資本主義への移行過程で起こった出来事を「資本の本源的蓄積」と呼んで，『資本論』の1つの章（第1巻24章）を充てています[2]。第1章でもふれたように，マルクスによれば，資本主義の前提条件は，「生産手段」（生産を行うための土地，設備，機械）を持たない労働者，および生産手段を持つ資本家という2種類の人々の集団が一つの社会に並存することです。そして，いったんこの前提条件が満たされると，その後は，資本主義の作用の結果として，この前提条件が再生産されていくと彼は考えました。

2）カール・マルクス『資本論』向坂逸郎訳，岩波文庫，1969年。

すなわち，一方で，労働者が収入として受け取る賃金では生産手段を購入するだけの資金の蓄積ができず，したがって労働者は労働者であり続けると考えられています。他方で，資本家は利潤を得て，それを再び資本として投資するとされます。しかし，歴史上，資本主義が生成する出発点では，外部から上の前提条件が与えられる必要があり，資本の本源的蓄積がそれを与えたというのがマルクスの主張です。

マルクスのいう資本の本源的蓄積の核心部分は，土地を占有して農業に従事していた人々が，基本的な生産手段であった土地から分離され，雇用労働によって生計を立てる労働者に転換することです。

15世紀末までのイギリスでは，農村社会は多数の小規模な自営農民によって構成されていました。彼らは領主からの借地と慣習的に農村共同体が管理していた共有地を利用して農業生産を行っていました。この状態に変化をもたらしたのは羊毛工業の発達でした。羊毛工業の拡大が原料となる羊毛の価格を高騰させ，牧羊業の収益率が上がったため，自営農民に土地を賃貸していた領主たちが，貸していた土地を回収し，さらに共同地を囲い込むことを始めました。いわゆる土地の囲い込み運動（エンクロージャー）です。18世紀まで続いたエンクロージャーの結果，多数の自営農民が耕作する土地を失い，雇用関係に入る以外に生計を立てる途を失ったとされます。

さらにマルクスは，それだけでは資本主義の成立のために十分ではないと論じています。自営農民としての労働と，工場における労働の間には大きな違いがあるからです。マルクスは，工場の規律の下で秩序だって協同作業に従事する能力を，自営農民出身の多くの人々に植え付けるために，国家によるさまざまな強制が行われたことを，本源的蓄積の重要な要素として記述しています。

◯ マルクス理論の限界

　生産力の上昇を原動力とした生産様式間の移行という一貫した視点から，複雑，多様に推移する経済現象の歴史を理解することができるとすれば，そのような理論が多くの研究者を惹きつけてきたことは納得できます。しかし，マルクスの理論は，経済史を理解するうえで本質的な，いくつかの問題に答えていません。

　第一に，先に述べたように，経済発展の原動力は生産力の上昇であると考えられていますが，生産力の上昇がなぜ，どのようにして生じるのかについては説明がありません。いいかえれば，マルクスの理論においては，新古典派成長理論と同様に，技術進歩が外生的に与えられています。上で取り上げた封建制から資本主義への移行について具体的に言えば，『資本論』には，エンクロージャーの原因となった羊毛工業の発達がなぜ生じたのかに関する明示的な説明がありません。さらに，マルクスが書いているように，エンクロージャーの直接的な原因が羊毛価格の高騰であったとすれば，すでにその時点で市場メカニズムの機能が前提とされていることになります。市場メカニズムが機能すること自体，説明される必要がある事柄です。

　第二に，より一般的な問題点として，経済発展が普遍的な「法則」と考えられていることが挙げられます。マルクスの理論では，どの地域の社会でも，時間の経過とともに生産力が上昇していき，生産様式の移行が生じるとされていますから，特定の地域で，特定の時期に特定の生産様式が支配的になる理由は何かという問題は，もともとマルクスの視野の中に入っていません。

3.2　宗教と経済発展

○ マックス・ウェーバーの宗教社会学

　マルクスが視野の外に置いた，なぜ特定の地域で特定の時期に顕著な経済発展が生じたかという問題を正面から提起し，それに取り組んだ古典的な研究として，マックス・ウェーバー（Weber, M.; 1864-1920）の宗教社会学があります。20世紀初め，ウェーバーは，近代の西ヨーロッパで，他の地域に先駆けて資本主義的経済発展が生じたという事実に着目し，その理由に関する独自の仮説を提起しました。

　ウェーバーは，その論文を集めた『宗教社会学論集』の序言において，「どのような諸事情の連鎖が存在したために，他ならぬ西洋という地盤において，またそこにおいてのみ，普遍的な意義と妥当性をもつような発展傾向をとる－中略－文化的諸現象が姿を現すことになったのか」という問題を設定しています[3]。ウェーバーは西ヨーロッパに起源を持つ「文化的諸現象」として科学，和声音楽，ドーム建築などの例を挙げていますが，彼が最も強い関心を向けたのは資本主義であり，「序言」に続く，一つの長い論文の中で，西ヨーロッパで資本主義の発展した理由を追究しています。その論文が，独立した書物としてとして邦訳されている『プロテスタンティズムの倫理と資本主義の精神』[4]です。

　3）マックス・ウェーバー『宗教社会学論選』大塚久雄・生松敬三訳，みすず書房，1972年。この本はウェーバーの『宗教社会学論集』を抄訳したものです。
　4）マックス・ウェーバー『プロテスタンティズムの倫理と資本主義の精神』大塚久雄訳，岩波文庫，1988年。

○『プロテスタンティズムの倫理と資本主義の精神』

　『プロテスタンティズムの倫理と資本主義の精神』の冒頭で，ウェーバーはヨーロッパの職業統計を観察しています。彼は，近代的企業の所有者，経営者，上級熟練労働者などに占めるプロテスタントの比率が，プロテスタントの人口比より大きいという事実に着目しました。この観察から，ウェーバーは，① 歴史的にプロテスタントは比較的富裕であり，そのことが彼らの競争上の地位を有利にした，② 宗教的少数派であったプロテスタントは，政治的な地位から閉め出された結果，経済活動に努力を集中した，③ プロテスタントの内面に経済的合理主義的な特質があるという3つの代替的な仮説を引き出しています。そのうえで，いくつかのデータと推論に基づいて①と②の仮説を棄却し，第三の仮説を深く追究して行きました。

　仮説③は，より具体的には，カルヴァン派プロテスタントは，その教義に基づいて，来世で救済されるという確信を得るために，現世では職業労働に禁欲的，合理的に従事するという生活態度をとり，そのことがいわば意図せざる結果として，彼らに経済的な成功をもたらしたというものです。ウェーバーの言葉を引用すると，「近代資本主義の精神の，いやそれのみでなく近代文化の本質的構成要素の一つというべき，天職理念を土台とした合理的生活態度は－中略－キリスト教的禁欲の精神から生まれ」たというわけです（同書，pp. 383-384）。

　最初の問題に戻ると，結局，ウェーバーの仮説は，16世紀に起こった宗教改革，そしてそれによって生まれたカルヴァン派プロテスタントの経済倫理が，近代西ヨーロッパという特定の時期，特定の地域に，資本主義に基づく経済発展をもたらした，ということになります。ウェーバーの社会理論は，問題設定の仕方がマルクスと相違するだけでなく，宗教と経済の関係に関する捉え方が大きく異なっています。ごく簡単に整理すれば，マルクスは経済が宗教を決定すると見るのに対して，ウェーバーは資本主義の形成に関してはプロテスタンティズムという宗教が経済に影響を与えたと見ているわけです。

データの観察から代替的な仮説を引き出し，それらを他の事実と照合して検証していくというウェーバーの議論の進め方は，今日でも十分，学ぶに値します。さらに特筆すべきことは，同書が，上でもふれたように，大規模な比較宗教社会学研究の一部を構成している点です。『宗教社会学論集』のなかでウェーバーは，プロテスタンティズムに続いて，儒教，道教，ヒンドゥー教，仏教，古代ユダヤ教の経済倫理を探求しています。それを通じて，プロテスタンティズム以外の宗教から，資本主義が結果しなかった理由を検討したわけです。

豊かな構想力，自己の構想にそって膨大な研究を重ねた探求心は，われわれに感銘を与えます。ウェーバーの宗教社会学研究は，文字通り，社会科学の古典というにふさわしいものです。しかし，それは，ウェーバーの研究によって，問題がすべて解決されたことを意味するものではありません。ウェーバーの著作以後，その仮説について，さまざまな検証が行われてきました。以下ではその一つを紹介します。

○ ウェーバー仮説の検証

サッチャ・ベッカー（Becker, S. O.）とルドガー・ベスマン（Woessmann, L.）は 2009 年に公刊された論文で，ウェーバーが観察したのと同じ 19 世紀ドイツのデータを用いて，正面からウェーバーの仮説を検証しました[5]。中心的なデータは 1871 年のプロシアの国勢調査で集められた宗派別人口のデータです。これらのデータはいずれも 452 の郡別に利用することができます。各郡のプロテスタント人口比とカトリック人口比の平均はそれぞれ 64.2%，34.5% でした。そして郡によってプロテスタントとカトリックの人口比は大きく相違しており，上記人口比の標準偏差はそれぞれ 37.8%，37.5% でした。この郡ごとの宗派別人口比の相違を用いてプロテ

5）Sascha O. Becker and Ludger Woessmann, "Was Weber Wrong？: A Human Capital Theory of Protestant Economic History," *Quarterly Journal of Economics*, May 2009：531-96.

スタンティズムに関するウェーバー仮説を統計的に検証するというのがベッカーたちの基本的なアイディアです。

ベッカーたちの論文の注目すべき点は，プロテスタンティズムと経済発展の関係を検証する際に，注意深く因果関係の方向を識別していることです。仮に経済発展の指標を被説明変数（左辺の変数），プロテスタンティズムに関する変数を説明変数（右辺の変数）として，通常の最小二乗法（OLS）で回帰分析を行って，プロテスタンティズムの係数が有意に正となったとしましょう。この結果から，プロテスタンティズムが経済発展にプラスの影響を与えたという因果関係を導くことは適当ではありません。この結果の意味には少なくとも他に2つの可能性があります。第一に，経済発展が逆にプロテスタンティズムの普及を促すという逆の因果関係があり得ます。第二に，プロテスタンティズムと経済発展の間には因果関係がなく，背後にある第三の要因が両者に影響を与えて，その結果，両者の間に相関関係が生じている可能性もあります。このような2つの関係は，経済発展変数をプロテスタンティズム変数に回帰する回帰式で，右辺のプロテスタンティズム変数が内生性を持っていることに対応します。プロテスタンティズム変数が，左辺の経済発展変数や回帰式の誤差項と相関を持っている状態です。

説明変数が内生性を持っている可能性を考慮して，因果関係を識別するための方法の一つとして，操作変数を用いる方法があります。操作変数として使用できるのは，回帰式の説明変数と相関があり，かつ誤差項と相関を持たない変数です。適当な操作変数があれば，次のような方法で内生性を持つ変数から左辺の変数への因果関係を識別することが可能です。まず第一段階として内生性を持つ変数を最小二乗法で操作変数に回帰して推定値を求めます。そのうえで第二段階としてその内生性をもつ変数の推定値を説明変数としてあらためて最小二乗法で被説明変数を回帰します。この方法を2段階最小二乗法（2SLS）といいます[6]。ベッカーたちは，2段階最小二乗法を用いてプ

6）操作変数と2段階最小二乗法については，例えば浅野 皙・中村二朗『計量経済学』第2版, 有斐閣, 2009年の第8章を参照して下さい。

ロテスタンティズムから経済発展への因果関係の識別を試みています。

　操作変数を用いる推定は内生性の問題に対処する有力な方法ですが，適当な操作変数が容易には見つからないという難点があります。この難点をうまく克服していることがベッカーたちの論文の優れているところです。マルティン・ルターは，宗教改革運動を推進するにあたって，現在のドイツ東部の都市，ウィッテンベルクを拠点としました。そこで，各地域のウィッテンベルクからの空間的な距離がプロテスタンティズムの普及の程度と相関していると考えられます。一方で，各地域とウィッテンベルクとの距離が，経済発展変数をプロテスタンティズム変数に回帰する式の誤差項と相関している可能性は低いと考えられます。この点を確かめるために，ベッカー等は宗教改革直前時点について，ウィッテンベルクとの距離と各地域の経済発展の程度との相関を検討して，相関がなかったという結果を得ています。

　プロテスタンティズムの経済発展への影響に関する，2段階最小二乗法による主な推定結果は表3.1の通りです。経済発展の指標としては，人口1人当たりの所得税額と工業・サービス業の就業者比率が用いられています。表のように，いずれの指標で経済発展を測った場合でも，プロテスタンティズムの普及は経済発展にプラスの影響を与えたことが確認できます。1人当たり所得税額に関する式のプロテスタント人口比の係数0.586は，プロテスタントだけの郡とカトリックだけの郡があったとした場合，前者の方が後者より1人当たり所得税額が0.586マルク多かったことを意味します。これはプロシア全体の平均1人当たり所得税額の29.6%に相当する大きな差違です。

　以上から，宗派別人口比の内生性を考慮した場合でも，プロテスタンティズムが経済発展にプラスの影響を与えたという意味では，ウェーバーの仮説が確認されたことになります。ベッカーたちはさらに進んで，プロテスタンティズムから経済発展につながる因果関係のチャンネルに関する仮説を検証しています。上述のようにウェーバーは，プロテスタンティズムの教義内容が人々の職業態度に与えた影響がそのチャンネルであると考えました。これ

表 3.1　プロテスタンティズムの経済発展への影響

被説明変数：	1 人当たり 所得税額	工業・サービス業 就業者比率
プロテスタント人口比	0.586(0.236)**	0.082(0.039)**
10 歳未満人口比	−5.301(1.881)***	−0.452(0.235)*
ユダヤ人人口比	7.388(3.479)**	0.262(0.464)
女性人口比	−18.772(3.143)***	−2.755(0.451)***
都市出生者人口比	0.446(0.435)	0.425(0.069)
プロシア出身者人口比	2.473(1.921)	−0.302(0.274)
平均世帯人数	−37.441(13.698)***	−9.465(2.127)***
人口（対数）	8.680(9.068)	5.170(1.292)***
人口増加率（1867-71 年）	0.292(1.180)	1.759(0.165)***
Obs.	426	452
R^2	0.291	0.602

(注)　ウィッテンベルクからの距離をプロテスタント人口比の操作変数とした 2 段階最小二乗法による推定結果。
　　　( )内は標準誤差。
　　***　有意水準 1％で統計的に有意。
　　**　　有意水準 5％で統計的に有意。
　　*　　　有意水準 10％で統計的に有意。
(出所)　Becker and Woessmann, op. cit.

に対してベッカーたちは，代替的な仮説を提起してその検証を行いました。代替的仮説は，プロテスタンティズムは人々の識字能力の向上を通じて経済発展にプラスの影響を与えたというものです。

　宗教改革を主導したルターが，人々が直接，聖書を読むことを重視し，そのためにドイツ語訳の聖書を刊行したことはよく知られています。一方で，19 世紀後半になってもプロシアでは識字能力は必ずしも国民全体に普及していませんでした。1871 年のプロシアの国勢調査は識字率についても調査しています。これによると，各郡の識字率の平均は 87.5％でしたが，標準偏差が 12.7％あり，最も低い郡では 37.4％にすぎませんでした。宗教改革が始まった 16 世紀当時の識字能力が十分でなかったことは容易に推測できます。そのため，ルターは教育の普及に努力しました。人々が自分で聖

書を読むことができるように，すべての町に学校を設立することをルターは求めました。宗教改革とプロテスタンティズムは，人々の識字能力の向上を求め，それが教育を普及させ，そして教育を通じた人的資本の形成が経済発展につながった，というのがベッカーたちの代替的な仮説です。

　ウェーバーの職業態度仮説とベッカー等の人的資本仮説を識別することは，それほど簡単ではありません。ベッカーたちは人的資本の水準を識字率で測っていますが，この変数もまた内生性を持っています。内生性を持つ変数が2つある場合，2つ以上の操作変数が必要になりますが，ウィッテンベルクからの距離の他に適切な操作変数を見出すのは困難でした。そこで，彼らは，次のような工夫をして2つの仮説の識別を試みました。まず，最小二乗法で識字率が1人当たり所得税額に与える影響を推定します。そのうえで，その推定値が内生性のために10-40%の上方ないし下方バイアスを持っていると想定します。このバイアスを修正した係数と識字率から，識字率に起因する1人当たり所得税額を計算します。そしてその値を1人当たり所得税額から差し引いた値を被説明変数として，プロテスタント人口比と他の変数に2段階最小二乗法で回帰をしました。その結果，識字率の影響の推定値にどのようなバイアスを想定しても，プロテスタント人口比は1人当たり所得税額に有意な影響を与えなかったことが明らかになりました。これは，プロテスタンティズムが経済発展に与えたプラスの影響は，職業態度というチャンネルを通じてではなく，識字能力で測られる人的資本の向上というチャンネルを通じて生じたことを示しています[7]。

---

7) 現代のクロスカントリー・データを用いて宗教と経済成長の関係を検討した論文として，Rachel M. McCleary and Robert J. Barro, "Religion and Economy," *Journal of Economic Perspectives*, 20 (2)：49-72, 2016 があります。

3.3 経済的後進性仮説

○ 後進国と先進国の相違

　マルクスの経済発展段階論と関係づけると，ウェーバーの理論は，資本主義以前の社会から資本主義に移行するためにはマルクスが考慮に入れなかった非経済的条件が必要とされる，という批判として見ることができます。そしてウェーバーは，その非経済的条件をプロテスタンティズムの経済倫理と特定したわけです。他方，経済が，一連の諸段階を順次，経過して発展していくという発展段階論の考え方そのものに対する有力な批判があります。その一つが，アレキサンダー・ガーシェンクロン（Gerschenkron, A.）が1960年代初めに提起した経済的後進性仮説です。その内容は，彼が刊行した『歴史的視点から見た経済的後進性』という書物の最初の章に示されています[8]。

　ガーシェンクロンの主張は，当時における後進国の工業化に関する思考は，マルクスの発展段階論的な枠組みにとらわれているが，後進国の経済発展は，後進国であるというまさにその理由によって，先進国のそれと根本的に異なる特徴を持つ，というものです。すなわち，マルクスは，後進国は時間的な遅れをともなって，先進国と同じ段階を順次たどって発展していくと想定したのに対して，ガーシェンクロンは，後進国の経済発展過程は先進国のそれと本質的に異なると考えたわけです。

　後進国と先進国の間で明確に相違する条件は，後進国にとっては，より進歩した技術を持つ先進国が存在するということです。そのため，後進国は，うまく先進国の技術を「借用」できれば，先進国が長期間をかけて実現した

---

8) アレキサンダー・ガーシェンクロン『経済後進性の史的展望』池田美智子訳，日本経済評論社，2016年。

経済発展を短期間に達成できる可能性があります。そして，技術導入が成功した場合の発展の速度は，後進性の程度が大きく，技術ギャップが大きいほど速くなると考えられます。しかし，一方で，後進性の程度が大きいほど，先進国の技術を導入する際に克服しなければならない障害も大きくなります。後進性にともなう経済発展の障害として，ガーシェンクロンは次の点を挙げています。

○ 後進国の経済発展と制度・組織

　第一は，工業化のために必要な労働力の不足です。常識的には後進国では資本と比較して労働力が豊富であると想定されますが，これに対してガーシェンクロンは逆説を提起したわけです。工業化初期の後進国では，農業生産のための土地を持たず，同時に工場で規律ある労働に従事する能力を持つ労働力はむしろ稀少であるというのが，彼の見方です。この議論は，3.1で見たマルクスの本源的蓄積論を継承していると見ることができます。ガーシェンクロンは，本源的蓄積は困難で時間がかかる過程であると考えたわけです。マルクスもイギリスにおける本源的蓄積には200年以上の期間を要したとしています。したがって，後進国が工業化を実現するためには，常識とは逆に，むしろ資本集約度が高く，多数の工場労働力を使用しない技術を導入する必要があることになります。

　第二は，産業相互の補完性です。先進国では，さまざまな新しい産業が発展しますが，それらの多くは相互に補完性を持っているとガーシェンクロンは考えました。産業が相互に補完的であるというのは，例えば，鉄道は燃料を生産する炭鉱の発達を前提とし，一方，炭鉱が発達するためには，炭鉱と市場を結ぶ鉄道の発達を前提とするといった関係です。そのため，工業化を成功させるためには，補完性を持つ産業を同時に発展させる必要があるというわけです。それは，一つの産業を独立して発達させる場合に比べると，より困難な課題です。

こうした後進国に固有の工業化への障害のために，後進国の工業化は容易ではない一方，もし障害がうまく克服された場合には，資本集約度が高い複数の産業部門が同時に拡大する急速な発展が生じるというのが，ガーシェンクロンの基本的な考え方です。

　彼はさらに，工業化への障害を克服する仕方についても注目すべき見方を提示しています。ガーシェンクロンは，障害を克服して急速な成長を実現した後進国のモデルとして，ドイツとロシアを念頭に置いていました。19世紀におけるこれら両国は，いち早く「産業革命」を達成したイギリスより後進的でした。彼によると，ドイツが障害を克服することを可能にした要因は，ドイツ特有の銀行システムでした。工業化過程のドイツでは，大規模な銀行が産業企業と密接な関係を持ち，産業金融，企業金融に大きな役割を果たしたという有力な見方があります。ガーシェンクロンは，このいわゆるドイツ型産業銀行を通じた工業化への資本の動員が，資本集約度の高い産業を同時に発展させることを可能にしたと考えました。

　一方，ドイツよりさらに後進性が大きかったロシアでは，銀行のような民間の組織では障害の克服に十分ではなく，国家が直接に産業発展を主導したとされます。言いかえれば，後進性の程度によって克服すべき障害の難易度が相違し，それに対応して障害の克服のために必要とされる組織・制度が異なるという見方を提起したことになります。

　ガーシェンクロンが，組織・制度の役割に注目し，さらに国によって組織・制度の多様性がある点に注目したことは，経済的後進性との関連だけでなく，より一般的な文脈で重要な意味を持っています。この点については章をあらためて述べることにしましょう。

> **理解と思考のための問題**

3.1　マルクス『資本論』第1巻第24章（岩波文庫，1969年）を読んで，その「資本の本源的蓄積」論を理解して下さい。

3.2　森嶋通夫『近代社会の経済理論』（文献案内参照）の「序論　近代国民経済」を読んで，経済システムの比較の仕方について学んで下さい。

3.3　隅谷三喜男『日本賃労働史論』（第4版，東京大学出版会，1965年）を参照して，日本で工場労働者が形成された過程について調べてみましょう。

3.4　マックス・ウェーバー『宗教社会科学論選』（本文脚注3参照）を読んで，ウェーバーの宗教社会学について理解して下さい。

3.5　浅野　哲・中村二朗『計量経済学』第2版（本文脚注6参照）の第8章を読んで操作変数の意味について理解して下さい。

3.6　新保博『近代日本経済史』（文献案内参照），李憲昶（イ ホンチャン）『韓国経済通史』（須川英徳・六反田豊監訳，法政大学出版局，2004年）に基づいて，ガーシェンクロンの経済的後進性仮説と日本・韓国の経済発展の現実とを比較してみましょう。

第 4 章

制度と経済発展

　ノース等は，近代ヨーロッパにおいて国家による所有権保護の制度が形成されたことが，そこでいち早く長期的な経済発展が始動したことの原因であるという見方を提起しました。

　制度の重要性は，経済成長に関するさまざまな実証分析でも確かめられています。制度の経済史は，対象を私的な制度に広げ，ゲーム理論を応用することによって，比較歴史制度分析という新しい研究領域を生み出しました。

○ KEY WORDS ○
所有権，コミットメント，
イギリス名誉革命，比較歴史制度分析，
ゲーム理論

4.1　ダグラス・ノースの問題提起

○『西欧世界の勃興』

　1970年代の初め，その後の経済史研究に大きな影響を与えることになる一冊の書物が刊行されました。ダグラス・ノース（North, D.C.）とロバート・トーマス（Thomas, R. P.）による『西欧世界の勃興』です[1]。この本は，近代の西ヨーロッパ社会がいち早く持続的な経済成長を軌道に乗せ，貧困を抜け出すことに成功したという歴史事象に焦点を当てています。すなわち，ノースとトーマスは，20世紀初めにマックス・ウェーバーが提起した問題に再び正面から取り組んだわけです。そして，それまでの研究で西ヨーロッパの経済発展の原因と考えられてきた「さまざまな要因（技術革新，規模の経済性，教育，資本蓄積など）は成長の原因ではない。それらは成長そのものである」（同書, pp.2-3）という批判を提起しました。技術革新，規模の経済性，人的・物的資本の蓄積が経済成長をもたらすことはよいとして，なぜ近代の西ヨーロッパという特定の時代，特定の地域でこれらの現象が活発に生じたのかがさらに説明されなければならないという批判です。この批判が主に，第2章で述べた経済成長理論の立場からの研究に向けられていることは明らかでしょう。そして，それは同時に，マルクス的な経済発展段階論に対する批判ともなっています。

　ここまではマックス・ウェーバーと同じですが，ノースとトーマスはここから別の方向に進みます。すなわち，ウェーバーが，経済発展を始動させた西ヨーロッパ独自の要因をプロテスタンティズムの経済倫理に求めたのに対して，ノースとトーマスは，それを「効率的な経済組織」であるとする新し

---

[1] ダグラス・ノース，ロバート・P・トーマス『西欧世界の勃興』速水融・穐本洋哉訳，ミネルヴァ書房，1980年。

い仮説を提起しました。彼らは,「効率的な経済組織」を,取引コストを削減して個人的な便益を社会的な便益に近づける諸制度からなるとしています。そして「取引コスト」は,財の交換の機会に関する調査コスト,交換の条件に関する交渉コスト,契約を実施するための実施コストを含むと定義されています（同書, p.131）。

こうした取引コストに関する捉え方は,取引コスト経済学（Transaction Cost Economics）の理論に基づいています。取引コスト経済学は,ロナルド・コース（Coase, R. H.）に始まり,オリバー・ウィリアムソン（Williamson, O. E.）によって発展させられた経済理論の一学派で,今日でも,制度や組織について考える際の有力な分析枠組みとされています。上記のような取引コストは,新古典派経済学では通常,考慮されません。取引コスト経済学は,この種のコストを明示的に理論に取り込むことによって,雇用契約や下請取引など,現実に存在するさまざまな取引様式を理論的に分析する可能性を開きました[2]。

ノースとトーマスはこの取引コスト経済学の考え方を,ウェーバーが提起した経済史の基本問題に応用したわけです。ノースとトーマスは,16-18世紀の西ヨーロッパで取引コストを低下させた制度として,具体的には国家による所有権の保護を強調しています。中世のヨーロッパでは,多くの領主が小規模な領域を分散的に統治していましたが,これらの小領主に代わって広い領域を支配する集権的な国家が出現し,それらの国家の中で,特にオランダとイギリスのそれは,市民の所有権を保護するようになりました。

---

[2] 取引コスト経済学については,Oliver E. Williamson, *Economic Institutions of Capitalism : Firms, Markets and Relational Contracts*, New York : Free Press, 1985 を参照。

4.2 イギリス名誉革命の経済的インパクト

○ 所有権保護の2つの意味

　ここで所有権の保護という場合，2つの意味が含まれます。第一は，市民相互の取引において，契約の執行を担保するという意味です。端的に言えば，取引相手に対して財を引き渡したにもかかわらず，代金が支払われない場合，売り手は国家の裁判所に訴えて，国家権力によって買い手に代金の支払いを強制することができるということです。第二は，国家自身が恣意的に市民の財産を奪わないという意味です。

　第一の条件がなければ，人々は安心して商取引を行うことはできず，商取引は広がらないでしょう。また，第二の条件が保証されなければ，人々が経済活動を行って，富を蓄積するインセンティブは小さくなってしまうでしょう。警察・軍隊を背景とする国家権力は個々の人々にとって強大ですから，一方では，その正しい行使によって他の個人等からの所有権の侵害が防止されることが期待できるわけですが，他方ではその濫用によって国家権力自体が所有権を脅かす可能性があります。ノースとトーマスは，これらの2つの条件が歴史上初めて整えられたのが16-18世紀の西ヨーロッパ，特にオランダとイギリスだったと見て，そのことがこの地域でいち早く持続的な経済発展が生じた理由であると考えました。

○ イギリス名誉革命に関する実証分析

　ノースは，政治学者のベアリー・ワインガスト（Weingast, B. R.）とともに発表した有名な論文の中で，所有権保護，特に第二の意味での所有権保護の重要性を，17世紀のイギリスで起こった「名誉革命」（1688-89年）のケ

ースについて実証しています[3]。その論文の中で，持続的な経済成長が生じるためには，単に政府が所有権の保護を宣言するだけではなく，所有権保護が人々にとって信頼できるものである必要があるという点が強調されています。ある人や組織が，あることを宣言したり約束したりするだけでなく，その宣言や約束を守ることが自分にとって有利になるような条件を与えて，他の人や組織がそれを信頼できるようにすることを，経済学では「コミットする」といいます。この言葉を用いれば，ノースとワインガストの論点は，経済成長が生じるためには，政府が所有権保護にコミットする必要があると表現することができます。

ノースとワインガストによれば，名誉革命以前の17世紀イギリスでは，国王は，国民の所有権保護にコミットしていませんでした。国家財政上の必要のために，恣意的に税として国民の財産が収奪されていたからです。すでにピューリタン革命を経験していた当時のイギリスでは，議会と裁判所が国王による恣意的な収奪に抵抗する役割を担っていましたが，それには限界がありました。第一に議会に対しては，国王はその制定する勅令によって議会が制定した法律を停止することができ，第二に裁判所に対しては，国王は裁判官を任命する権限を持っていたからです。形のうえでは，三権分立の形式は整っていたのですが，その実質はなかったといえます。

カトリックであった国王ジェームズ2世とプロテスタントが多数を占めた議会の間の宗教的対立がきっかけとなって顕在化した両者間の紛争は，ジェームズ2世の娘メアリーが嫁いでいたオランダの君主，オレンジ公ウィリアムの軍隊が議会の要請に応じて来援したことによって，議会側の勝利に終わりました。ジェームズ2世は退位し，ウィリアムとメアリーの夫妻が新国王として即位し，「権利の章典」を議会に対して受け入れました。その結果，イギリスの国家体制は次の点で大きく変化しました。

---

3) Douglass C. North and Barry R. Weingast, "Constitutions and Commitment : The Evolution of Institutions Governing Public Choice in Seventeenth-Century England," *The Journal of Economic History*, 49(4) : 803-32, 1989.

表4.1 名誉革命と政府の長期借入条件

年	借入金額（ポンド）	利子率（％）
1693	723,394	14.0
1694	1,000,000	14.0
1694	1,200,000	8.0
1697	1,400,000	6.3
1698	2,000,000	8.0
1707	1,155,000	6.3
1721	500,000	5.0
1728	1,750,000	4.0
1731	800,000	3.0
1739	300,000	3.0

（注）この表は各年における個別の借入案件ごとのデータを示しています。1694年のデータが2つあるのはそのためです。
（出所）North and Weingast, op. cit.

　第一に，議会が名実ともに国家の最高機関となり，国王も議会の制定する法律に従わなければならなくなりました。第二に，財政に関する権限も議会が掌握しました。第三に，裁判官は刑事事件で有罪となるか，あるいは議会の決定によらなければ罷免されることはなくなり，裁判所の独立性が確保されました。そして，この点が重要ですが，実際に国王大権を濫用したジェームズ2世が追放されたという事実によって，議会を最高機関とする新しい国家体制が国民にとって信頼にたるものとなりました。

　そして，ノースとワインガストは，名誉革命による制度変化の経済的意味を，国家財政と民間経済活動の両面について検討しています。第一に財政については，名誉革命後，政府の債務残高が増加する一方，国債利子率が顕著に低下しました（表4.1）。これは，イギリス政府を金融市場がより高く評価するようになったことを意味します。第二に，民間経済活動については，

表 4.2　名誉革命と民間経済活動

(千ポンド)

年	紙幣流通高	イングランド銀行当座預金
1698	1,340	100
1720	2,900	1,300
1730	4,700	2,200
1740	4,400	2,900
1750	4,600	1,900

(出所)　表 4.1 参照。

証券市場の拡大，銀行数の増加，イングランド銀行の民間に対する活動の拡大等が挙げられています（表 4.2）。

　ノース等が示した制度の重要性は，経済史だけでなく，経済理論，開発経済学などさまざまな分野に大きな影響を与えてきました。経済発展において制度が重要であるという見方は，今日では広いコンセンサスを得ています。そして，この点は，多くの実証研究によって確かめられています。個々の対象に関する文献については，後の各章で述べることにして，ここでは，経済発展と制度の関係を全般的に検証した研究を紹介しましょう。

4.3　制度と経済発展

　経済発展と制度の関係を定量的に捉えるための一つの方法は，第 2 章で取り上げた経済成長に関するクロスカントリー・データによる回帰分析です。各国の制度の質を示す変数を作成して，それを説明変数に加えて各国の 1 人当たり GDP あるいは経済成長率を説明する式を推定するという方法です。

しかし，制度を対象とする際にも，前章でプロテスタンティズムの場合と同様に，説明変数の内生性の問題があります。特に制度の質は経済発展から影響を受ける可能性が高いため，この問題は深刻です。対応策として考えられるのは操作変数を用いる推定ですが，制度の質に関する適切な操作変数を見つけるのは容易ではありません。

このような状況を前提に，ダロン・アセモグル（Acemoglu, D.）と 2 人の共著者は，独自の工夫によって操作変数を見出して，制度が経済発展に与える影響を推定しました[4]。アセモグル等の論文は，制度と経済発展に関する次のような考えに基づいています。第一に，彼らは欧米諸国による他地域の植民地化の歴史において，植民地政策にいくつかのタイプがあることに着目しました。一つの典型は，ベルギーがコンゴで採用したように，現地からの資源収奪を主な目的とした政策で，この場合には財産権の保護や政府権力の濫用の抑止には多くの考慮が払われませんでした。対極にあるのは財産権の保護や政府権力の濫用抑止について，本国と同様の制度を移植することが試みられたケースで，オーストラリア，ニュージーランド，カナダ，アメリカ等がこれに該当します。第二にこうした植民地政策の相違はヨーロッパ人が現地に定住することの難易度に対応していると考えられています。具体的には熱帯性伝染病によって植民者が死亡するリスクが高い地域にはヨーロッパ人の定住が難しく，そうした地域では収奪的な植民地政策が採られたとされます。そして第三に植民地時代の制度が独立後も持続的な影響を持っていることが想定されています。

このような想定に立った場合，植民当時のヨーロッパ人の死亡リスクは植民地時代の制度を介して現代の制度に影響を与えていることになります。一方で，現代までの医学・公衆衛生の発達を考えると，植民当時の死亡リスクが直接に現代の経済パフォーマンスと相関している程度は小さいと考えられます。第 3 章の操作変数の説明を思い出してもらうと，この場合，植民当時

---

4) Daron Acemoglu, Simon Johnson and James A. Robinson, "The Colonial Origins of Comparative Development : An Empirical Investigation," *American Economic Review*, 91(5) : 1369-1401, 2001.

のヨーロッパ人の死亡リスクに関する変数は，現代の制度と相関しており，かつ現代の経済パフォーマンスを説明する式の誤差項とは相関していないことから，現代の制度の質に関する変数の操作変数として使用できることになります。

回帰分析は具体的には次のように行われています。被説明変数は各国の1995年における1人当たりGDP（購買力平価ベース，対数）です。制度の質に関する変数としては，民間のリスク評価会社（Political Risk Services）が作成した，各国における財産収奪リスクからの保護の程度に関する指標（11段階評価，1985-95年平均）を使用しています。ヨーロッパ人植民者の死亡リスクに関する変数は，歴史学者のフィリップ・カーティン（Curtin, P. D.）が作成した19世紀前半に関するデータ等から作成されています[5]。主要な推定結果は表4.3にまとめられています。

この表の下半分のパネルBには，第一段階の推定，すなわち制度の質を示す収奪リスクからの保護の程度を，操作変数と他の外生変数に回帰した結果が示されています。想定された通り，19世紀前半におけるヨーロッパ人の死亡率は現代の制度の質にマイナスの影響を与えていることがわかります。すなわち，かつて植民者の死亡率が高く定住が難しかった地域では現代でも財産の収奪リスクが高くなっています。次に，表4.3の上半分のパネルAは第一段階で得られた収奪リスクからの保護の程度の推定値を説明変数に加えて，1995年の各国の1人当たりGDPをそれらの変数に回帰した結果です。収奪リスクからの保護の程度の内生性を考慮した場合でも，保護の程度が高いほど1人当たりGDPが有意に高いという結果となっています。この結果は，制度の質が経済発展にプラスの影響を与えるという見方を支持しています。

5）Philip D. Curtin, *Disease and Empire : The Health of European Troops in the Conquest of Africa*, Cambridge : Cambridge University Press, 1998.

表4.3 制度と経済発展

	(1)	(2)
A．2段階最小二乗法による推定結果		
被説明変数：1人当たりGDP（1995年）		
収奪リスクからの保護の程度（1985-95年平均）	0.98(0.30)	1.10(0.46)
緯度		−1.20(1.80)
アジア・ダミー	−0.92(0.40)	−1.10(0.52)
アフリカ・ダミー	−0.46(0.36)	−0.44(0.42)
その他大陸ダミー	−0.94(0.85)	−0.99(1.00)
B．第一段階推定		
被説明変数：収奪リスクからの保護の程度（1985-95年平均）		
19世紀前半におけるヨーロッパ人の死亡率	−0.43(0.17)	−0.34(0.18)
緯度		2.00(1.40)
アジア・ダミー	0.33(0.49)	0.47(0.50)
アフリカ・ダミー	−0.27(0.41)	−0.26(0.41)
その他大陸ダミー	1.24(0.84)	1.10(0.84)
Obs.	64	64
R^2	0.30	0.33

(注) （ ）内は標準誤差。
除かれている大陸ダミーはアメリカ。
(出所) Acemoglu et al., op. cit.

4.4 比較歴史制度分析

　ノースおよびそれ以降の制度に関する研究によって，経済史と経済発展に関する理解は大きく進展しました。その際，上に述べたように，取引コスト経済学の経済史への応用が重要な役割を果たしました。経済主体のインセンティブが制度から影響を受けるという視点です。マルクスの理論ではインセンティブは明示的に考慮されていません。資本家はどのような状況においても利潤を追求する，労働者は資本家の監督の下で雇用労働に従事する以外に

生きられないという単純化された想定が置かれているためです。

インセンティブを無視したことは，マルクスの社会主義のビジョンに致命的な影響を与えたことにも，ここでふれておきたいと思います。ソ連およびこれに続いて第二次世界大戦後に生まれた社会主義諸国は，いずれも労働者，官僚のインセンティブの欠如に悩まされ続け，結局その問題を解決できないまま，多くが崩壊をむかえることになりました。一方，新古典派経済学は，インセンティブを理論に組み込んでいますが，それがさまざまな制度によって影響を受けることを考慮に入れていません。ノース以前の経済史研究の限界は，それらが依拠した経済理論の特徴によるところが大きいといえます。

しかし，他方で，取引コスト経済学にも問題点があり，それがノース等の研究に限界を与えています。取引コスト経済学は，取引の属性と取引を管理（governance）する制度の組合せの仕方によって取引コストが異なること，ある属性を持つ取引に対して取引コストを節約するような管理制度が採用されることを想定します。しかし，その取引管理制度がなぜ有効に機能するか，すなわち，ある取引管理制度が採用された場合，取引の当事者たちがなぜそれに従うのかについては，立ち入って分析しません。

この特徴はノースの研究にも反映されています。ノースは経済史研究の方法について論じた書物の中で，制度を「社会におけるゲームのルール」あるいは「人々によって考案された制約であり，人々の相互作用を形づくる」ものと規定しています[6]。しかし，人々によって考案された制約がなぜ人々の相互作用を形作るのか，言いかえれば人々はなぜその「制約」を遵守するのかについては分析が行われていません。そのため，事実上，その制約が外部から執行されるという想定が置かれることになり，結果として具体的な歴史研究においては，国家による所有権保護に対象が限定されています。

ノース等の研究のこうした問題点を指摘し，それを乗り越える方法を示したのが，アブナー・グライフ（Greif, A.）が提唱した比較歴史制度分析，お

---

6) ダグラス・ノース『制度，制度変化，経済成果』竹下公視訳，晃洋書房，1994 年，p.3。

よびそれとの相互作用を通じて青木昌彦等によって発展させられた比較制度分析です。比較歴史制度分析・比較制度分析が経済史と経済学にもたらした革新は，新しい「制度」の概念に集約されています。グライフは，制度を「技術以外の要因によって決定される行動に対する自己拘束的な制約」と定義しています[7]。ここで「自己拘束的」(self-enforcing) というのは，社会を構成する人々がその制約にしたがうインセンティブを持っているという意味です。これは，理論的には，その制約が，社会を構成する人々がプレイするゲームのナッシュ均衡になっている，と表現されます。

比較歴史制度分析・比較制度分析は，ゲーム理論の応用によって新しい制度の捉え方を示したといえます。そして，それを通じて，分析対象を国家による所有権保護以外のさまざまな制度に広げ，なぜ，どのように，それらの制度が人々の行動を制約するのかを明らかにしています。比較歴史制度分析の方法と成果の詳細については，具体的な対象に即して次章で述べることにします。

---

7) Avner Greif, "Microtheory and Recent Developments in the Study of Economic Institutions through Economic History," in David M. Kreps and Kenneth F.Wallis eds. *Advances in Economics and Econometrics : Theory and Applications*, vol. 2, Cambridge : Cambridge University Press, 1997；アブナー・グライフ『比較歴史制度分析』岡崎哲二・神取道宏監訳，NTT 出版，2009 年，青木昌彦『比較制度分析に向けて』瀧澤弘和・谷口和弘訳，NTT 出版，2001 年。

理解と思考のための問題

4.1　ダグラス・ノース、ロバート・トーマス『西欧世界の勃興』(本文脚注1参照)を読みましょう。

4.2　大日本帝国憲法と日本国憲法では財産権はどのように保護されているでしょうか。条文を読んで理解して下さい。

4.3　Daron Acemoglu, Simon Johnson and James A. Robinson, "The Colonial Origins of Comparative Development : An Empirical Investigation"(本文脚注4参照)を読んで，制度の実証分析の方法について理解して下さい。

4.4　アンリ・ピレンヌ『ヨーロッパの歴史』(文献案内参照)第5編を読み，コミットメントをキーワードとして中世都市の経済的意味について考えて下さい。

第5章

市場経済の発展

　歴史上，市場経済は単調に発展してきたわけではありません。古代，特にローマ帝国の下で，市場経済は一回目の繁栄のピークをむかえました。しかし，イスラム教徒の地中海世界への侵入によって市場経済は衰退し，自給自足によって特徴づけられるヨーロッパ中世社会が現れました。再び市場経済が発展するのは，11世紀における「商業の復活」以降です。アブナー・グライフは，統一的な国家権力が存在しなかった11世紀の地中海世界でなぜ市場経済が復活したのかを探求し，商人集団（結託）の多角的懲罰戦略がゲームの均衡として，契約執行を支えていたことを明らかにしました。日本についても，市場経済は長い歴史を持ち，特に前近代では江戸時代に市場経済が高度に発達したことが知られています。しかし一方で，江戸時代には国家による契約執行は十全に機能していませんでした。このギャップを埋めたのが株仲間による多角的懲罰戦略でした。

○ KEY WORDS ○

商業の復活，シャンパーニュ大市，
契約執行，多角的懲罰戦略，
相対済令，株仲間，天保改革

5.1　市場経済の歴史

○　市場経済の起源

　市場経済の歴史は紀元前に遡ります[1]。紀元前8世紀ないし紀元後2世紀，すなわち，ギリシアの都市国家とローマ帝国が栄えた時期の地中海世界では，少なくとも西ヨーロッパでは11-12世紀まで到達できなかったような活発な市場取引が行われていました。それ以前の時期に地中海商業を担ったのは，特定の民族でした。代表的なのはフェニキア人と呼ばれる人々です。フェニキア人は長く，ヨーロッパとエジプトの間の貿易で独占的な地位を占めていました。キプロスの銅，レバノンの木材等をエジプトに輸出し，エジプトからパピルス等輸入していました。フェニキア人の功績としてアルファベットの発明があることも記憶されるべきでしょう。

　ギリシア人は，フェニキア人に続いて地中海商業に進出しました。ギリシア人はもともと農耕民族でしたが，地形が山がちで，土地が痩せていたために，彼らはやむをえず海上貿易に進出しました。海の近くまで山が迫った地形は，逆にギリシアに多くの良港を与えました。経済学の言葉でいうと，ギリシアは農業に比較優位がなく，外国貿易に比較優位があったということになります。ギリシア人は，人口増加に対応し，また貿易拠点を拡大するため，地中海の諸島，小アジア（現在のトルコにほぼ対応する地域），さらに黒海沿岸にまで植民地を建設しました。植民地の農産物が母国に輸入され，母国からはオリーブ油，ワイン，陶器，金属製品などの加工品，工業品が輸出されました。このような貿易の発達を前提として，紀元前7世紀頃から金属貨

---

[1] 以下のヨーロッパに関する記述は，特に断らない限り，Rondo Cameron, *A Concise Economic History of the World : From Paleolithic Times to the Present*, Oxford：Oxford University Press, 1989 による。

幣（硬貨）が用いられるようになりました。そして貨幣の使用は，交換を便利にすることを通じて，逆に貿易を促進する役割を果たしました。最初の貨幣は金銀の合金でしたが，アテネで大規模な銀山が開発され，銀の産出量が増えると，銀貨が支配的になっていきました。

○「ローマの平和」と市場経済

　古代商業の最盛期はローマ帝国の下で達成されました。これは偶然ではないと考えられます。前提となるのは，地中海世界全体がローマ帝国の安定した支配下に長期にわたって置かれたことです。紀元前27年にオクタヴィアヌスが権力を掌握してから，紀元後2世紀のいわゆる五賢帝時代まで，ローマ帝国は，内外ともに政治的・軍事的に安定した「ローマの平和」の時代を享受しました。

　ローマの支配を拡大・維持するために，幹線道路が整備され，また，ギリシア都市国家の全盛期も含めて活発だった海賊・山賊もほぼ完全に制圧されました。このような治安の安定を前提に，ローマ帝国は，ローマ法と呼ばれる法体系を発達させました。特に重要なことは，ローマ法が所有権と契約執行を厳格に規定したことです。すなわち，地中海世界全域を支配する国家権力が，所有権と契約執行を法に基づいて担保するという制度がローマ帝国の下で形成されたわけです。第4章で述べた，ノース等の枠組みを参照して，このことがローマ時代における市場経済の発達の基本的な理由であったと見ることができます。

○ ヨーロッパの中世社会

　しかし，市場経済は，古代から単調に発展してきたわけではありません。この点を強調したのが，20世紀ベルギーの歴史家アンリ・ピレンヌ（Pirenne, H.; 1862-1935）です。上に述べたように，ローマ時代まで，地中海

5 市場経済の発展

(AKG/PPS)

13世紀初めのザクセン法鑑による提出暦(ハイデルベルクの写本より)。聖マルガレーテの祝日(7月13日)には穀物の十分の一税、聖ヨハネの祝日(6月24日)には肉の十分の一税、聖ヴァルプルギスの祝日(5月1日)には子羊の十分の一税、聖ウルバーヌスの祝日(5月25日)には果物とワインの十分の一税、聖母被昇天の祝日(8月15日)には鶏鳥の十分の一税、聖バルトロマイオスの祝日(8月24日)には卵と穀物に代わる貨幣地代を支払うこととされている。(解説はハンス・ヴェルナー・ゲッツ『中世の日常生活』轡田収他訳、中央公論社、1989年による。)

図 5.1　荘園領主に納める貢租の納入期日を示す図

はヨーロッパとアジアを結ぶ海上の道の役割を担い、商業・貿易の主要な舞台となりました。しかし、7世紀から8世紀にかけて起こったイスラム教徒のヨーロッパへの侵入がこの状況を大きく変えました。イスラム教は、100年たらずの間に地中海の大部分を支配下に置き、その結果、西ヨーロッパは、当時世界の先進地域であったアジアから切り離されてしまったのです。

こうして孤立した西ヨーロッパでは非商業的、自給自足的な性格によって

80

特徴づけられる独特の経済社会システムが発達しました。ヨーロッパ中世の始まりです。外部世界との交易の停止は，西ヨーロッパ内部の社会的な分業関係を縮小させました。古代に発達した都市は衰退し，人口の大部分が農村に住むようになりました。そして農民の多くは，荘園と呼ばれる組織に所属しました。荘園は教会ないし貴族が領主として支配する領域ないし組織で，その領域内に住む農民を，「農奴」として管理していました。農奴は荘園の中に自分のための耕作地を世襲的に保有していましたが，その見返りとして，農作物や畜産物などの現物で貢租を領主に納める義務を負いました（図5.1）。また，農奴には自分の耕作地を離れる自由はなく，荘園の所有権が領主間で移動した場合も，その土地にとどまらなければなりませんでした。言いかえれば荘園は，農奴付きで売買されました。そして，領主と農奴が構成するこれらの荘園のそれぞれが，ほとんど自給自足的な経済生活の単位となっていました。すなわち，少なくとも西ヨーロッパでは，いったん商業ないし市場経済は著しく衰退したわけです。

○「商業の復活」

西ヨーロッパにおいて，市場経済が中世の停滞を脱したのは，イスラム教徒の侵入から約300年が経過した11世紀のことです。この出来事をピレンヌは「商業の復活」と呼んでいます。すなわち，ピレンヌは，7-8世紀にイスラム教徒の侵入によって古代以来の商業ないし市場経済が衰退し，300〜400年にわたる商業の停滞と社会の自給自足化の後，11世紀に商業が復活したという明確な歴史の見方を打ち出しました。この見方については，8世紀以降も商業が持続していた点などに関する批判があるとはいえ，基本的には今日でも受け入れられています。

商業の復活は，2つの方向からのインパクトによって生じました。南方（ヴェニス）と北方（フランドル）です。ヴェニスはゲルマン民族の移動に追われた人々によって北イタリアの海岸の湿地に5-6世紀に形成されました。

ほとんど陸地を持たなかったヴェニス人は当初から海上商業を活発に行い，主に東方のビザンチン帝国との貿易に従事しました。ヴェニスの商人たちは，ビザンチン帝国の首都，コンスタンチノープルにワイン，塩，木材等を運び，ビザンチンの工業製品やアジア産の胡椒などを本国にもたらしました。すなわちヴェニスは，イスラム教徒の支配を受けなかった東地中海を舞台に，ヨーロッパの東側の窓としての役割を担ったといえます。ヴェニスの商業活動はしだいにイタリアの他地域の商業を刺激し，ジェノア，ピサなどが商業都市として発達しました。そしてヴェニス，ジェノア，ピサ等の海軍力がやがて地中海からイスラム教徒の勢力を排除し，11世紀には地中海を再び活発な商業活動の舞台としました。

　一方，今日のベルギー北部にあたるフランドルでは，古代から羊毛工業が発達していました。これにさらに刺激を与えたのが，スカンジナビア人の海上商業への進出でした。スカンジナビア人は，航海技術にすぐれ，バルト海沿岸に勢力を広げましていました。そして11世紀に，彼らは戦争や海賊行為を止め，海上商業に専念するようになりました。スカンジナビアの海上商業とむすび付くことによってフランドルの毛織物は北ヨーロッパの主要な貿易品となりました。

　こうして11世紀に地中海とバルト海で商業がほぼ同時に復活すると，これに刺激されてこれら2つの貿易圏を結ぶ商業ルートが発達しました。地中海とバルト海を結ぶルートとしては，北海，ジブラルタル海峡を経由する海上航路が考えられますが，当時の造船・航海技術を前提とすると，このルートは危険が大きすぎました。そこで発達したのが，2つの商業圏を結ぶ陸上ルートです。そしてこのルートに沿って中世都市が発達して行きました。北イタリアのミラノ，ヴェローナ，ドイツのライプチヒ，フランクフルト，ハンブルグ，オーストリアのウィーン，そしてフランスのシャンパーニュ地方（トロワ，プロヴァン，ラニー，バール・シュル・オーブなど）などです。特にルートの中間付近に位置したシャンパーニュ，フランクフルトでは大規模な大市が開かれ，そこで地中海商業圏とバルト海商業圏の商品が交換され

(注) 青丸は大市の開かれる町を示す。
(資料出所) ピエール・ヴィダル=ナケ『世界歴史地図』樺山紘一監訳, 三省堂, 1995年；『図説世界史』東京書籍, 1997年を参照して作成。

図5.2　13世紀ヨーロッパの都市と陸上交通

(AKG/PPS)

パリ近郊のサン・ドニにおける大市の開催にあたってパリ司教が祝福を行っている図。

図5.3　市の開催を祝福する司教

5.1 市場経済の歴史

るようになりました。シャンパーニュ等の大市は，2つの商業圏の結節点だったわけです（図5.2，図5.3）。

○ 古代・中世日本の商業

　日本については，紀元前に商業活動が行われたという記録はありませんが，3世紀になると，『魏志倭人伝』の邪馬台国に関する部分に「国国に市あり，有無を交易し，大倭をしてこれを監せしむ」という記述が見られます[2]。日本でも市場経済は，少なくとも千数百年の歴史を持っているわけです。商業活動に関する記録は古代を通じて見られますが，日本における市場経済に，飛躍をもたらす出来事が13世紀に起こりました。中国から大量の銅銭が流入したことです。南宋を滅亡させて中国大陸を統一した元が，銅銭の使用を禁止したために，中国で貨幣機能を失った大量の銅銭が日本に輸入されました（図5.4）。日本では7-8世紀の富本銭，和同開珎以降，数十年ごとに新しい銭貨が中央政府によって発行されていましたが，これらの古代貨幣は10世紀の乾元大宝を最後にして，長く新規発行が行われませんでした。そのため，主に米，絹，布など，公権力や一般の人々に広く受容される現物の財が，交換の媒介，価値の貯蔵などの貨幣機能を担っていました。このような状況にあった日本に中国から流入した銅銭は，重量当たりの価値が高く，分割や貯蔵が容易であるという，貨幣としてのすぐれた属性によって，広く使用されるようになりました。

　中国銭の大量流入は，日本の税制にも大きな影響を与えました。13世紀に，それまで主に米，絹，布で納入されていた，荘園領主に対する年貢が銅銭で納入されるようになったことがそれです。これを代銭納といいます。代銭納自体，銭を受け取った荘園領主がそれで必要な物資を購入できることを

---

2) 以下の日本に関する記述は，特に断らない限り，石井寛治『流通史』有斐閣，2003年；桜井英治・中西聡『流通経済史』山川出版社，2002年；藤田貞一郎・宮本又郎・長谷川彰『日本商業史』有斐閣，1978年による。

熙寧元宝　　元祐通宝　　皇宋元宝　　永楽通宝

（資料提供）　日本銀行金融研究所貨幣博物館

図 5.4　中国から輸入され日本で流通した銅銭（主に宋銭）

前提としますが，一方で代銭納は逆に市場経済の発達を強く促進しました。年貢を荘園領主に納入する荘園の管理者（荘官，代官など）が，何らかの方法で生産物を販売して銭を手に入れる必要があるからです。

荘官等が年貢として荘民から現物で徴収した財を販売する場合，現地で販売するパターンと畿内周辺の港町に到着してから販売するパターンの2つがありました。畿内周辺の港町としては，大坂湾岸の兵庫，尼崎，堺など，琵琶湖周辺の大津，坂本などがあります。そしてこれらの港町で，送られてきた現物の年貢の保管・輸送・販売業務を担ったのが問丸と呼ばれる人々です。彼らの中から，年貢との関係を持たず，商業機能に純化した近世の問屋が成長してくることになります。

○ 幕藩体制と市場経済

中世の日本では，全国に分散した荘園が，それぞれ異なる中央の領主の支配下に置かれていました。すなわち，地方のある広い領域が単一の権力によって統治されるのではなく，比較的狭い領域（荘園）が，それぞれ中央にある別々の有力者（朝廷，貴族，寺社）と結びついていたわけです。このような状況が変化したのが16世紀の戦国時代です。戦国大名たちは，軍事力を背景に，広い領国全域にわたる一円的な統治を確立しました。戦国大名は，

国力を増強するため，城下町を建設するとともに，領国内の関所，通行税を廃止して，商業を振興しました。そして，各領国経済は，工業生産が集積していた畿内との間で分業関係を形成しました。

このような戦国大名の領国支配を前提に，その分権性を弱めながら，17世紀初めに全国統一政権を確立したのが徳川家康です。約260年間続いた徳川幕府の下で，その政策の影響を受けて，市場経済が特徴的な形をとって発達しました。市場経済に影響を与えた徳川幕府の政策として第一に兵農分離・商農分離が挙げられます。武士・農民・町人の各身分が明確に区別し，武士と町人は城下町に，農民は農村に住むことになりました。その結果，城下町と周辺農村の間に分業関係が形成されました。

第二は石高制です。幕藩体制下で年貢は米の現物で納められました。そのため，大名は，徴収した米を市場で販売し，それで得た貨幣によって必要な工業製品等を購入しました。当時，最大の米市場は大坂にありました。各藩は年貢米を大坂に送り，そこに蔵屋敷を置いて年貢米の管理と販売に当たりました。大坂堂島の米市場は世界でもっとも古い先物市場として知られており（図5.5），そこで形成される先物価格は現物価格との間に効率的な裁定関係が成立していたことが知られています。

大坂での年貢米の販売で得られた収入は，一部は各城下町で必要な工業製品等の購入に当てられましたが，他の部分は藩領域外の物産を購入するために支出されました。すなわち，近世の日本では藩領域内の地域間分業（農工間分業）に加えて，藩領域間の分業が発達していました。最大の藩領域間分業は，各藩領域と大坂・京都の間のそれです。大坂と京都は，中世以来，先進的な工業の集積地としての地位を維持していました。各藩は年貢米販売収入によって，大坂・京都で工業製品等を購入していました。江戸は，人口規模で見ると大坂・京都を凌ぐ最大の都市でしたが，その性格は大きく異なっていました。幕府が採用した参勤交代制度のために，大名の妻子は江戸に居住し，大名自身も各年で江戸に居住しました。その結果，江戸は，巨大な政治・消費都市として成長しました。工業都市であるとともに米の集散地でも

（資料）　歌川広重（1797-1858）画。（大阪府立中之島図書館所蔵）

図 5.5　堂島米市の図

あった大坂と江戸の間の物流が，近世日本経済の最大の動脈となっていました。

近世日本の経済成長

　このような構造の下で，近世の日本経済はどの程度，成長したでしょうか。統計が整備されていない近世について，経済のマクロ的な成長を測ることは容易ではありませんが，いくつかの推計が行われています。一つは人口に関する推計です。近代の戸籍に対応する『宗門改帳』を用いた歴史人口学の研究によって，長く 1,800 万人程度と考えられてきた 17 世紀初めの人口が 1,200 万人程度まで大幅に下方修正されました。これは，その後の近世における人口成長率が大幅に上方修正されたことを意味します。1600 年に約 1,200 万人だった人口は 1730 年には 3,208 万人まで増加しました。この後，しばらく人口は減少します。都市化にともなう衛生状態の悪化による死亡率

○ 表紙

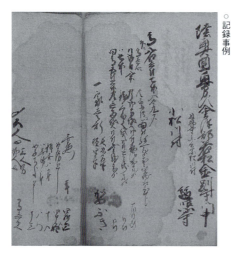
○ 記録事例

江戸時代の日本では,「宗門改帳」と総称される古文書史料が,17世紀末から19世紀中期の明治初年まで,全国で作られていた。例えば,陸奥国会津郡,大沼郡,下野国塩谷郡(現在の福島県南会津郡,大沼郡,栃木県塩谷郡)の一部を含む南山御蔵入領では,元禄7(1694)年あるいは元禄8年から明治3(1870)年まで毎年,村ごとに名主の手によって作成され,代官所と自宅に1部ずつ保管されていた。南山御蔵入領に所属する陸奥国会津郡小松川村には,散逸した9年分を除いて,寛政4(1792)年から慶応4(1868)年に至る77年間の「宗門改人別家別書上帳」が保存されている。この史料には,記載単位ごとに,旦那寺の本末関係,所在地,宗派,旦那寺の名称,持高,質地,家屋規模,屋根の材料,構成員の名前,筆頭者との続柄,年齢,異動,牛馬数,世帯規模などが記録されている。上図の例(寛政4年 宗旨家数人数書上帳,小松川村他四ヶ村)では,旦那寺:真言宗遍照寺,持高:8.178石,家屋規模:9.5間×4.5間,屋根材料:茅葺き,筆頭者:喜右衛門(44歳),女房:とし(45歳),子:喜八(18歳)・ちよ(13歳)・喜助(8歳),家族人数:男3・女2,馬:1匹,等の記載がある。

(図版・解説の出典:帝塚山大学経営情報学部 川口洋研究室 「江戸時代における人口分析システム(DANJYURO)」 (http://kawaguchi.tezukayama-u.ac.jp)より引用。)

図5.6 宗門改帳の例

の上昇などがその背景にあったと考えられています。1800年に3,065万人まで減少した人口はそこから再び上昇を始め,1872年に3,311万人に達しました。

もう一つのマクロ的な経済発展の指標として実質貨幣残高が考えられます(図5.7)[3]。この指標は市場経済に焦点を当ててその規模を測ることができ

---

[3] 明石茂夫「近世後期経済における貨幣,物価,成長——1725-1856」『経済研究』40(1),1989年。

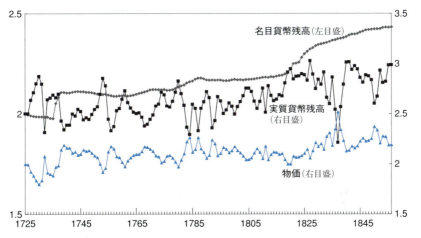

(注) いずれの系列も1725年を100とした指数の対数値。
(出所) 岡崎哲二「近世日本の経済発展と株仲間」岡崎哲二編『取引制度の経済史』東京大学出版会, 2001年。原データは明石茂夫「近世後期経済における貨幣, 物価成長——1725-1856」『経済研究』40(1): 42-51, 1989年。

図5.7　18-19世紀の経済成長

ることに特徴があります。実質貨幣残高は1725年以降しかデータが得られませんが，その時期に限れば，上の人口の動きとほぼ一致しています。すなわち，1725年から1790年前後まで，年々の変動を除けば，明確なトレンドが認められません。18世紀は市場経済の成長が停滞的であったことが示唆されています。他方，1790年前後から，明確な上昇トレンドが生じました。1791-1856年の年平均成長率は0.7％となります。この率で市場経済が持続的に成長したと見ることができます。

以上，この節では，ヨーロッパと日本における古代から中世・近世までの市場経済の歴史をごく簡単に概観しました。いずれの地域でも，早くからそれぞれ特徴的な形で市場経済の発達が見られたことが理解できると思います。5.2, 5.3では，ヨーロッパと日本の特定の時期に焦点を当てて，市場経済の発展を支えた制度的条件について考えます。

5.2　中世地中海商業の比較歴史制度分析

○ アブナー・グライフの問題提起

　11世紀の地中海世界における「商業の復活」に着目し，その事象を深く考察することを通じて，経済史研究の方法に重要な前進をもたらしたのが，第4章でふれた，アメリカの経済史研究者，アブナー・グライフです。その代表的な論文の一つに，「初期商業における契約の執行可能性と経済制度——マグリビ商人の結託」があります[4]。この論文の中で彼は，「商業の復活を可能にした制度は何か？」という問いを立てました。

　たしかに，ピレンヌが考えたように，ヨーロッパ人がイスラム勢力から地中海の支配権を奪回したことは，商業の復活のために必要な前提条件です。しかし，それだけでは十分ではありません。地中海全体を包括する統一的な国家が形成されたわけではありませんし，また各地域を支配する領主たちが，外国商人の契約に基づく権利を適切に保護する仕組みを備えていたわけではないからです。その点では，11世紀以降になっても，環境は古代ローマ帝国時代よりも市場経済にとって不利なものであったといえます。

　そうだとすると，11世紀の地中海世界において，なぜ活発な商業が行われるようになったのでしょうか。これは，ノースのように，契約執行を保護する制度を国家に求める立場から見ると，解答することが難しいパズルです。これに対してグライフが与えた解答は，簡単に言えば，国家による所有権保護が有効に機能しない環境の下で，私的な制度が契約の執行を保護する役割を果たしたというものです。そして，11世紀の地中海商業を担ったマグリビと呼ばれる商人集団に関する歴史的な資料に基づいて，私的な制度による

---

[4] Avner Greif, "Contract Enforceability and Economic Institutions in Early Trade: Maghribi Traders' Coalition," *The American Economic Review,* 83(3): 525-48, 1993.

契約執行保護のメカニズムを，理論モデルによって表現しました。

○ マグリビ商人の「多角的懲罰戦略」

　マグリビというのは，10世紀初めにバグダッドから北アフリカに移住したユダヤ人の子孫をいいます。彼らはユダヤ人でしたが，イスラム教的な言語と文化に同化していました。彼らは，地中海沿岸における遠隔地貿易に従事していました。遠隔地貿易においては，1人の商人が，すべての過程を自分で管理することが難しいため，遠隔地にいる他の商人（代理人，エージェント）を雇用し，彼らに資金や商品を委託して取引を行わせました。代理人は遠隔地にいますから，商人の監視の目はとどきにくく，したがって委託された資金や商品を詐取してしまう可能性がありました。そして，もし代理人が資金・商品を詐取する可能性が高い場合，商人は最初からそのことを予想して，代理人を雇用しないと考えられます。そしてその場合，遠隔地貿易は円滑に行われず，市場経済は発展しません。

　この問題は，第4章で述べたコミットメント問題の一つです。すなわち，商人と遠隔地にいる他の商人の間に代理人関係が成立するためには，代理人が，商人の監視の目がとどかないことにつけ込んで不正を行わないことに，コミットする必要があります。すなわち，不正を行わずに誠実に業務を行った方が代理人に有利になるような条件を作る必要があります。国家が契約執行機能を持っている場合には，代理人が不正を行った場合，商人は国家に訴えて損害賠償を受けるとともに，代理人は刑事罰を受けることになります。そしてこのような仕組みが，代理人にとって誠実に行動した方が有利であるという条件となっています。すなわち，国家による契約執行は，代理人が誠実な行動にコミットすることを可能にするわけです。

　しかし，11世紀の地中海世界ではこのような国家の機能は期待できませんでした。グライフはまず，マグリビ商人が残した契約書・手紙などの文書を読んで，彼らが結託（coalition）を組織して，次のような行動様式を取っ

ていたことを明らかにしました。

①商人は，賃金を支払って代理人を雇用し，彼が不正を行わなかった場合は，商人の破産等のやむをえない事情がないかぎり，次の期も同じ代理人を雇用する。

②商人は，代理人が不正を行った場合は彼を解雇して二度と雇用しない。

③不正を行った代理人を解雇した商人は，潜在的な代理人の候補者の中から，過去に，自分だけでなく，グループのメンバーの誰に対しても不正を行った経歴のない代理人のみを雇用する。

グライフはこの行動様式を多角的懲罰戦略（Multilateral Punishment Strategy, MPS）と呼んでいます。③にあるように，不正の被害を受けた商人だけでなく，結託を構成している他の商人も不正を行った経歴のある代理人を雇用しないためです。すなわち，不正に対する懲罰に結託のメンバー全員が参加するわけです。

○ ゲームの均衡としての制度

グライフの大きな貢献は，単にこのような行動様式を当時の文書から明らかにしただけでなく，この行動様式を，ゲーム理論を用いてモデル化し，当時の歴史的条件の下で，それがゲームの均衡となっていたことを示した点にあります。すなわち，個々の商人にとってこのような行動様式をとることが有利であったことを示したわけです。グライフの証明の概略を示すと次のようになります。

代理人は，誠実に働いた場合，賃金 W を商人から受け取り，次の期も高い確率で同じ商人に雇用されて賃金 W を得ることができます。確率が100％でないのは，商人の倒産等の理由でやむをえず継続的に雇用することができない可能性があったためです。商人に雇用されていない代理人は $\overline{w}$（$<W$）を得ると仮定します。一方，不正を行った場合，今期は a という W より大きな「不当利得」を得ますが，次期以降は，雇用される確率が低くな

ります。このような状況で，商人が代理人による不正を回避するためには，どのようにしたらよいでしょうか。

　一つの方法は，雇用する場合，代理人に十分に高い賃金 W を支払うことです。なぜかというと，高い賃金は，不正を働いた場合に代理人が受ける将来の損失を大きくする効果があるからです。不正を行えば確かに今期は大きな利得 a を得ることができますが，その代わり，来期以降賃金 W を受け取る機会を失い，より低い所得 $\bar{w}$ に甘んじなければならないことになります。経済学の用語を使うと，高い賃金は代理人にとって不正の機会費用が高いことを意味します。

　もちろん，一方で高い賃金を払うことは商人の負担増を意味しますから，代理人にとって不正を働くことが不利になる最低限の水準に W を定めることが，商人にとって最適な行動です。その最低水準を W^* と呼ぶことにすると，多角的懲罰戦略がゲームの均衡になっていることを示すためには，W^* を不正経歴がない代理人と不正経歴がある代理人の間で比較したとき，前者の方が後者より低いことがいえればよいことになります。不正経歴のない代理人の方が，低い賃金で今期における誠実な行動を引き出すことができるからです。

　まず不正経歴のない代理人を考えると，彼がもし今期不正を行うと，上記のように，誠実に働けば得られたであろう将来の利得を棒にふることになります。さらに，多角的懲罰によって他の商人から雇用される可能性も閉ざされることになりますので，不正を行うことの機会費用は，多角的懲罰が採用されていない場合よりもさらに大きくなります。したがって不正経歴のない代理人は比較的低い W^* で誠実な行動を引き出すことができます。

　他方，不正経歴がすでにある代理人の場合はどうでしょうか。この場合，多角的懲罰の下では，今期に不正を行うかいなかにかかわらず，来期以降，商人グループの誰かに雇用される確率はごく低い水準となります。そのため，今期不正を行っても，それによって失われる将来の利得はわずかです。そこで，不正経歴のある代理人を今期誠実に働かせるためには，高い W^* を支払

う必要があることになります。以上から，不正経歴のない代理人の方が不正経歴のある代理人より，相対的に低い賃金で誠実な行動を引き出し得ることになり，したがって商人は，外部からの強制がなくても，不正経歴のない代理人を選んで雇用するという結果が導かれます。これは，商人が多角的懲罰戦略をとるインセンティブを持っており，多角的懲罰戦略がゲームの均衡となっていることを意味します。

以上の推論において重要なことは，代理人の不正経歴が結託のメンバーに周知されていることです。不正経歴に関する情報を持っているからこそ，それに基づいて商人は自分がある代理人の雇用条件を判断することができます。また，それだけでなく，他の結託メンバーも不正履歴を知っていることをある商人が知っていることによって，他の商人が代理人に対して取るであろう行動を予測することが可能になり，その予測に基づいて自分の行動を決めることができます。

その意味で，商人の結託内部での情報ネットワークの存在が，多角的懲罰戦略の機能にとって非常に重要であるといえます。マグリビ商人は，結託を組織し，多角的懲罰戦略という制度を形成することによって，比較的低い賃金で代理人の誠実な行動を引き出し，そのことを通じて，国家による契約執行が行われなかった11世紀の地中海世界で，遠隔地貿易を担うことができました。これが「商業の復活」の少なくともある部分に関する制度的基礎であったわけです[5]。

---

5) グライフのマグリビ商人に関する研究は学界に大きなインパクトを与え，それだけに批判も提起されています。その一つにジェレミー・エドワーズとシェイラ・オギルビーによるものがあります。主要な批判点は，マグリビ商人は確かに組織を形成して非公式の契約執行メカニズムを利用していたが，彼らは同時に公的な裁判機関を利用しており，公式・非公式の契約執行メカニズムを併用する点，およびそれらの利用の仕方の点で中世ヨーロッパの商人たちと異なるところはないというものです (Jeremy Edwards and Sheilagh Ogilvie, "Contract Enforcement, Institutions, and Social Capital: The Maghribi Traders Reappraised," *Economic History Review*, 65(2): 421-44, 2012)。これに対してはグライフが同じ学会誌に反論を掲載しています (Avner Greif, "The Maghribi Traders: A Reappraised?," *Economic History Review*, 65(2): 445-69, 2012)。

5.3　近世日本における株仲間の役割

○ 司法制度

　日本においても，近代以前から市場経済が発達していたこと，特に18世紀末以降，経済の持続的な拡大が見られたことについて5.1で述べました。このような経済発展はなぜ可能だったのでしょうか。ノース等が考えるように，国家による所有権保護と契約執行が有効に機能していたのでしょうか。あるいは，グライフが11世紀の地中海世界について論じたように，国家による所有権保護と契約執行が機能しない下で，私的な制度が契約執行を可能にしていたのでしょうか[6]。

　近世の日本では幕藩体制の下で，幕府，諸藩ともに整備された官僚機構と強制力を持ち，安定した政治体制が約260年間にわたって持続しました。この政治的安定が経済発展の前提にあったことはいうまでもありません。この点で，11世紀の地中海世界と比べて，近世の日本では国家がはるかに発達しており，市場経済の枠組みとしての国家の役割が大きかったといえます。しかし，国家が提供する市場経済の枠組みが十全であったかというと，そうではありませんでした。その点を理解するために，まず近世日本の司法制度を概観しましょう。

　近世日本の国家は，近代国家のような三権分立のシステムをとっておらず，司法権と行政権が一体化していました。すなわち，幕府の行政機関である寺社奉行，町奉行，勘定奉行が裁判所機能を兼務していました。寺社奉行は寺社および寺社領に関する行政・裁判，町奉行は，江戸・大坂の行政・裁判，

6）以下は，岡崎哲二「近世日本の経済発展と株仲間――歴史制度分析」岡崎哲二編『取引制度の経済史』東京大学出版会，2001年，Tetsuji Okazaki, "The Role of the Merchant Coalition in Pre-modern Japanese Economic Development : An Historical Institutional Analysis, *Explorations in Economic History*, 42：184-201, 2005 によります。

そして勘定奉行は幕府財政と幕府直轄領の行政・裁判を担当しました。諸藩の領内における行政・裁判は各藩に委ねられていました。裁判は、ほぼ今日と同様に、刑事裁判にあたる吟味筋と民事裁判にあたる出入筋に区分されていました。吟味筋については、犯罪が発生した場合、告訴の有無にかかわらず奉行所が犯人を逮捕し、取り調べのうえ裁判を行いました。すなわち、今日の刑事訴訟と同様に、職権審理主義がとられました。一方、出入筋については、これも今日の民事訴訟と同様に、原告が裁判機関に訴状を提出することによって裁判手続きが開始されました。

○「相対済令」の経済的意味

ここで注目している契約執行と関係するのは出入筋です。出入筋はさらに、本公事、金公事、仲間事に区分されました。このうち金公事は、借入金・売掛金などの利息付きで無担保の金銭債権に関する訴訟、仲間事は私的な組織のメンバー相互の利益分配に関する訴訟を指します。本公事は金公事、仲間事以外の出入筋を意味します。注目すべき点は、これら3つの訴訟カテゴリーに応じて、幕府による契約保護の強さに差別があったことです。

最も厳格に保護されたのは本公事の対象で、原則として訴訟が受理されました。他方で、最も保護が弱かったのは仲間事で、原則として幕府は訴訟を受理せず、当事者間での紛争の解決が求められました。市場経済の発展と最も関係が深い金公事は両者の中間です。すなわち、通常は訴訟が受理されたのですが、ときどき金公事一般が受理されなくなることがありました。それは、「相対済令」が発令された場合です。

相対済令というのは、金公事に関する紛争を、「相対」すなわち当事者間で解決することを求める法令です。この法令について、しばしば、町人からの借金に苦しむ武士を救済するための法令であったという解釈がなされます。もちろん、そのような側面があったことは否定できないと思いますが、経済学の視点から見ると、相対済令には別の重大な意味があります。金公事関係

の紛争に関する訴訟が受理されないということは，国家による契約執行が行われないことを意味するからです。相対済令は，江戸については寛文元年（1661年），同3年，天和2年（1682年），貞享2年（1685年），元禄15年（1702年），享保4年（1719年），延享3年（1746年），寛政元年（1789年），寛政9年（1797年），天保14年（1843年）の計10回，発令されました。近世の日本では，国家権力による契約執行に重大な不備があったといえます。

○ 株仲間の組織と機能

それではなぜ，このような条件の下で，5.1で見たような市場経済の発展が実現したのでしょうか。11世紀の地中海世界の場合と同様に，私的な制度が契約執行の役割を担ったのでしょうか。筆者は，株仲間と呼ばれる組織がその役割を担ったと考えています。株仲間というのは，公権力によって特定地域の特定事業に関する営業特権を認められた商人や手工業者の集団です。株仲間は近世日本に独特の組織として長く研究者に関心を持たれてきました。株仲間は同業者の集団として，「寄合（よりあい）」という意思決定機関，「行司（ぎょうじ）」という執行機関を通常，備えていました。

宮本又次『株仲間の研究』は，戦前に刊行された，株仲間に関する古典というべき書物です。同書によると，徳川幕府は当初，豊臣秀吉の楽市楽座政策を継承して商人・職人間の結託を禁止する政策をとっていましたが，その政策は17世紀中頃から変わっていきました。すなわち，株仲間を公認するとともに，18世紀初めにはむしろ株仲間結成を政策的に促進して，流通・価格統制のために利用するようになりました。株仲間の結成が急速に進んだのは，田沼意次が老中として幕府の実権を握った1770-80年代，いわゆる「田沼時代」です。田沼は，株仲間から徴収する税金（運上金（うんじょうきん）・冥加金（みょうがきん））を幕府の財政基盤に組み込むとともに，株仲間を広く組織することを通じて商品流通機構を整備することを意図しました。田沼は賄賂政治を行った老中として一般には評価が低いのですが，5.1で見た持続的な経済発展への移行期

である18世紀末が田沼時代に一致することは注意されてよいと思います。

『株仲間の研究』の中で宮本は，株仲間の機能を，「独占機能」，「権益擁護機能」，「調整機能」，「信用保持機能」の4つに区分しています。独占機能というのは，同業者の数を制限し，価格や販売数量を協定すること等を指しています。株仲間の機能として，通常，想定されるのはこの機能です。注目されるのは，「権益擁護機能」と「調整機能」に分類されているものの中に，契約執行に関する機能が含まれている点です。例えば，1741年に定められた，大坂の塩問屋仲間の規約に，次のような趣旨の条項があります。問屋から塩を購入している仲買人の中に，代金に関して不正を行った者がある場合は，問屋仲間一同が申し合わせて，不正を行った仲買人とは一切商売をしてはならない，というものです。不正を行われた問屋が取引を停止するだけでなく，他の仲間メンバーもその仲買人と取引を停止する点に特徴があり，これは5.2で見たマグリビ商人の多角的懲罰戦略と一致します。多角的懲罰の特徴を持つ株仲間の規約は，この大坂塩問屋の例だけではありません。さまざまな問屋仲間，仲買仲間などが，商取引における取引相手の不正に対して多角的懲罰を規定していました。

5.2で述べたように，多角的懲罰戦略がゲームの均衡となるためには，取引相手の不正経歴が懲罰に参加するメンバーに周知されている必要があります。この条件は近世日本の株仲間で満たされていたでしょうか。そのように考えてよい理由をいくつか挙げることができます。第一は，先に述べたように，株仲間が特定地域における特定事業の同業者集団であった点です。第二に，そのような集団は，それほど大きなものではありませんでした。菱垣回船積問屋仲間というのは，菱垣回船という江戸－大坂間の海運を利用する株仲間が構成する株仲間の連合体を指し，1813年時点で，63の株仲間が加盟していました。これらについて見ると，株仲間の平均メンバー数は31でした。第三に，多くの株仲間は不正をメンバーに周知する公式の手続きを持っていました。不正を受けたメンバーは株仲間の行司に報告し，行司が，文書を回覧する等の方法でメンバー全員に連絡することになっていました。

○ 自然実験としての天保改革

　比較歴史制度分析にとって，近世日本の株仲間を対象とすることには特別の意味があります。それは，株仲間の経験が，多角的懲罰戦略の機能を実証的にテストするよい機会を提供してくれることです。先に述べたように，株仲間は 18 世紀に普及しましたが，19 世紀の中頃，幕府が株仲間をほぼ全面的に禁止するという出来事が起こりました。株仲間が禁止されたことによって，市場取引にどのような影響が生じたかを調べることを通じて，株仲間がどのような役割を担っていたかを推測することができるというわけです。1.4 でふれた自然実験です。

　この自然実験を利用して株仲間の機能をテストする方法の一つは，市場の価格裁定機能に注目することです。市場が有効に機能している場合，同じ財について地域間に価格差があれば，価格の低い地域から高い地域に財が流れて価格が均等化するはずです。また，各時点でこのような裁定が行われていれば，価格の時系列をとった場合，各地域の価格は密接に連動することになります。このような見方に立って，地域間で財や生産要素の価格（賃金，金利）がどの程度，時系列で見て連動しているか，あるいは地域間（クロスセクション）で見て均等化しているかを調べることを通じて，市場経済の発達度を測ることがしばしば行われます。

　近世の日本についても，地域別米価時系列の相関の高さから市場経済の発達を根拠づけた研究があります。この観点に立てば，株仲間が市場経済を支えていたとすれば，その禁止は市場の価格裁定機能を低下させ，したがって地域間の価格の連動性が低下することが予想されます。実際に，大坂，江戸，近江など 13 の地域に関する 1833-41 年，1842-50 年の米価データを用い，2 地域ずつのペアの時系列について相関係数を求めると，各期間の平均は，それぞれ 0.824, 0.487 となります。予想通り，株仲間が禁止された 1842-50 年の期間は米価の相関係数が低くなり，価格裁定機能が低下したことが示唆されています。

表5.1　株仲間の経済的機能

被説明変数：実質貨幣残高成長率				
定数項	0.0009	(0.0429)	0.0634	(1.866)
時間トレンド	0.0042	(2.176)	0.0002	(0.094)
株仲間禁止ダミー変数	−0.0718	(−2.738)	−0.0457	(−1.644)
飢饉指標1	−0.1309	(−4.206)		
飢饉指標2			−0.0302	(−3.088)
adR^2	0.435		0.267	
観測数	22		22	

(注) （　）内は t 値。
(出所) 図5.7参照。

　2つめの方法は，経済成長とそれに影響を与える変数についてデータを見いだして，株仲間禁止を示す変数を加えた回帰分析を行うことです。表5.1には，実質貨幣残高成長率を，飢饉を示す指標，時間トレンドと株仲間禁止期間を示すダミー変数に回帰した分析結果が示されています。飢饉変数の係数は期待通り，強く有意に負となっています。農業への依存度が高かった近世の経済にとって，農業の不作は強いマイナスの供給ショックだったわけです。株仲間禁止を示すダミー変数の係数も有意に負となっており，係数の絶対値も大きな値となっています。すなわち，株仲間が市場経済を支えていたという仮説から導かれる含意が棄却されません。

　当時の記述的な資料からも，株仲間禁止が経済，特に市場取引と信用にマイナスの影響を与えたことを裏付けることができます。例えば，江戸町奉行は，老中への意見書の中で，株仲間禁止の結果，「銘々旧来の株式滅却いたし，金銀益々不融通に相成，物価は引下る事もなく，只々難儀之趣にのみ相聞」と述べています。大坂町奉行の意見書も，「江戸表同様諸株諸仲間差止何品に不寄素人勝手次第直売買為致候而は諸色取引区々に相成相場相立不申

而巳ならず却而取締筋も行届申間敷其々融通片寄国々日用差支御府内融通合にも拘可申と奉存候」としています。

　以上のように，さまざまな証拠から見て，株仲間は近世の日本で，多角的懲罰戦略を通じて，市場取引を支えていたと考えられます。しかし，最後に注意を促したいことは，この制度のままで，より長期にわたる経済発展を続けることは難しいという点です。多角的懲罰戦略のモデルからわかるように，この制度は取引相手を同定することができること，そしてその不正に関する経歴を仲間メンバーの間で共有できることを前提としています。そしてこの前提は，取引相手の数が比較的限定されており，仲間の数も多くないという条件に依存しています。近代以降の経済発展は，部分的には近世以来の多角的懲罰に近いメカニズムを用いながら，近代国家による整備された司法制度に基づいて実現しました。

理解と思考のための問題

5.1 歴史上，どのような財が貨幣として使用されたでしょうか。調べて見ましょう。

5.2 宮本又郎『近世日本の市場経済』（文献案内参照），脇田成「近世大坂堂島米市場における合理的期待の成立」（『経済研究』47 (3), 1996年），高槻泰郎『近世米市場の形成と展開：幕府司法と堂島米会所の発展』（文献案内参照）を読んで，大坂堂島における先物取引の仕組みとその効率性について理解して下さい。

5.3 グライフの多角的懲罰のモデルで，雇用されていない潜在的代理人の所得 $\overline{w}$ は効率賃金 W^* にどのような影響を与えるでしょうか。

5.4 ヨーロッパ中世のギルドと日本近世の株仲間について，その組織と機能を比較してみましょう。

5.5 天保改革における株仲間の禁止は実質賃金にどのような影響を与えたと考えられますか。

第6章

生産組織Ⅰ：工場と企業

　「産業革命」は長い間，近代経済史上の大きな画期とされてきましたが，1980年代以降，イギリスの産業革命が，それまで考えられていたよりも緩やかで，部分的な変化であったことが強調されるようになりました。

　しかし近年，西ヨーロッパと東アジアの間の歴史的な経済格差拡大，「大分岐」（Great Divergence）の出発点として，再び産業革命が注目されています。また，工場制，すなわち雇用契約によって人々を集中作業場に集め，工場経営者の指示と監督の下で働かせるという生産組織，が無視できない規模で形成されたという意味で，産業革命はいぜんとして重要な出来事といえます。工場経営者の役割については，ラディカル派経済学者，スティーブン・マーグリンの問題提起以来，取引コスト経済学，あるいは契約理論に基づく理解が進んでいます。（裏面に続く）

イギリス産業革命の成果が，新大陸アメリカに移植されたとき，新しい革新が起こりました。アルフレッド・チャンドラーが強調したように，広大な国土をカバーする鉄道は，その運行を管理する企業組織を発達させるとともに，大規模な市場の形成を通じて，大量生産と大量流通を統合した大企業の形成を促しました。大企業の成立によって，それまで市場が担ってきた資源配分機能のある部分が，企業組織の内部で経営者の「見える手」によって行われるようになりました。

　しかし，企業組織への取引の内部化は，特定の時期のアメリカに固有の条件によって支えられていました。実際，アメリカにおいても，市場規模のいっそうの拡大と市場参加者の増加等の結果，1980年代以降，「見える手」から「見えざる手」への資源配分機能の再移行が生じています。

○ KEY WORDS ○

産業革命，大分岐（Great Divergence），工場制，規律と監督，取引コスト，ライン・アンド・スタッフ組織，統合企業，「見える手」，取引ガバナンス構造

6.1 「産業革命」

○ 工場制の成立

　日本を含む現代の先進諸国では，工業製品の多くは，工場で作られています。工場の中で働いている人々（労働者）は，工場を経営する会社に雇用され，会社の指示と監督にしたがっています。労働者は，工場の中で会社のために働くことの対価として，賃金を，多くの場合，月給という形で受け取ります。賃金を対価として雇用された労働者が，工場で経営者が課す規律に服して集団的に働く生産組織を工場制といいますが，工業生産において工場制が大きな意味を持つようになったのは，歴史的に見ると，それほど昔のことではありません。工場制が工業生産において大きな意味を持つようになった歴史上の画期は，通常，「産業革命」と呼ばれます。

　世界で最初に産業革命を経験したのはイギリスです。イギリスで18世紀末から19世紀初めの数十年間に，「革命的」な，技術・生産組織・社会の変化が生じたという見方は19世紀末に刊行された経済史研究者アーノルド・トインビー（Toynbee, A.）の著書『英国産業革命史』に由来します[1]。著者は第1章でふれたトインビーの叔父にあたります。急激な変化としての産業革命という見方を継承し，よく整理された形で提示した書物として，トーマス・アシュトン（Ashton, T. S.）の『産業革命』があります[2]。下で述べるように，1970年代以降，批判を受けることになる見方ですが，同書は産業革命に関する古典的文献として今日でも読むに値します。

　同書は「ジョージ三世の即位（1760年）からその子ウィリアム四世の即

---

1) アーノルド・トインビー『英国産業革命史』川喜多孝哉訳, 高山書院, 1943年, 原著は1884年に刊行.
2) トーマス・アシュトン『産業革命』中川敬一郎訳, 岩波文庫, 1973年.

(©世界文化フォト)

グランド・ジャンクション鉄道のエンジン工場（1840年代）

図6.1　19世紀イングランドの工場

位（1830年）に至る短い年月の間に，イングランドの相貌は一変した」という印象的な文章で始まります。アシュトンが注目する変化は，① 開放耕地の囲い込み，② 大きな人口を擁する都市の成長，③ 煙突の林立，④ 公道の整備，⑤ 運河網の整備，⑥ 鉄道の敷設，⑥ 定期蒸気船の運行，⑦ 人口増加と若年者比率の増加，⑧ 農村から都市への人口移動，⑨ 家族労働から工場労働への移行，⑩ 新しい原料源，新しい市場の開拓，⑪ 新しい商業手段の開発，⑫ 金本位制の採用，⑬ 銀行制度の発達，⑭ 特権や独占の排除，⑮ 営業の自由の確立，⑯ 国家の役割の後退，⑰ 革新と進歩の思想による伝統的観念の駆逐，です。

　③の煙突の林立は，蒸気機関の利用を核とする技術変化を象徴しています。「産業革命」は，急激かつ，経済社会の広範囲に及ぶシステミックな変化として捉えられています。おそらく，日本の高等学校までの課程で教えられている産業革命のイメージは，このようなものだろうと思います。

○ システミックな変化

　アシュトンは，なぜ 18 世紀末以降のイギリスで，このような急激な変化が起こったかについても議論しています。産業革命を構成するさまざまな分野での変化が同時に変化が起こるためには各分野に固有の障害が取り除かれる必要があるとアシュトンは考えます。そして，18 世紀初めごろからの漸進的な変化の結果，関連する諸分野で障害が取り除かれ，システミックな変化の条件が整ったのが 18 世紀末だったというわけです。より具体的に見ていきましょう。

　産業革命について最初に思い浮かぶ出来事は，ジェニー，ミュールなどの新しい紡績機の発明でしょう。この出来事は，それ自体，産業革命の重要な一部ですが，他の変化とも密接な関係を持っていました。直接に関係するのは，綿糸不足の解決です。18 世紀末にはモスリン需要の増加によって，イギリスの綿織物工業が活況を呈しました。当時，綿織物のほとんどは，手織工が人力の織機で製造していました。すでに力織機は発明されていたのですが，力織機が普及するためには，綿糸の供給能力が増大する必要がありました。この綿糸不足を解決したのが，新しい紡績機であり，これによって紡績工程と織布工程で同時に機械化が進展することになりました。

　新しい紡績機，力織機は水力や蒸気機関で駆動しますので，動力面で規模の経済性があります。単一の大規模な動力源から近くにある多数の機械に動力を送る方が技術的な効率性が高いわけです。そこで，多数の労働者を工場に集めて，経営者の管理下で働かせるという工場制の導入が，新しい技術を効率的に利用するために必要になります。しかし，18 世紀のイギリスでは，工場制に対するいくつかの障害がありました。一つは，工場で規律にしたがって働く多数の労働者を確保するのが難しかったことです。「産業革命の初期に雇用主たちが直面した最も大きな問題の一つは，新しい技術を習得する能力があり，また新式工業が課する規律に容易に服従するような人々を探し出すことであった」とアシュトンは書いています。これはマルクスが資本の

本源的蓄積論の中で指摘し，また後進国の工業化についてガーシェンクロンが強調した点です。

　これに対して，工場の内部では，工場経営者が，支配人・職長などの管理者を任命して監視にあたらせるという措置がとられました。また，出来高賃金制などの労働インセンティブを刺激する賃金体系，あるいは逆に泥酔や怠惰に対する罰金制度なども導入されました。政策的には1834年の救貧法改正によって，職を持たない貧困層への圧迫が強められました。これらの施策の結果，「1830年までに，英国は，工場の労働条件にも慣れ，また必要に応じて場所から場所へ，一つの仕事から他の仕事へ移動することのできる一団の賃金労働者をいろいろな方法で確保していたということである。労賃の相場は地方的な需要・今日中に今までよりもずっと迅速に対応するようになり，また一般的経済活動の上昇・下降運動に応じて変動するようになっていた」とされます。工場制の成立は全国的な労働市場の形成をともなったというわけです。

　労働力と並ぶもう一つの主要な生産要素，資本についてはどうでしょうか。工場建設費や機械購入費用については，産業革命当時，家族や少数のパートナーの範囲で調達できたとされています。他方，運転資金，すなわち，原料を購入し，賃金を支払うための資金については，アシュトンは銀行の役割を強調しています。「銀行その他の諸機関は，資本が，数知れない流れによってそこにもたらされ，そこからさらに国内および国外の産業に流れて行くためのプールとしての役目を果たした」というわけです。そして，工場からの資金需要が増大するにつれて，伝統的な個人銀行の資金供給能力の限界が，金融恐慌の頻発という形で現れるようになり，1826年にロンドン周辺で法人銀行の設立が許可されるようになりました。工場制の成立は金融システムの変化とも相関していたことになります。

○ 産業革命観の修正

先にふれたように、アシュトンが記述したような急激かつ大規模な変化として産業革命を捉えるという見方は、1980年代以降、さまざまな批判を受けました。定量的な研究を通じて産業革命観の修正をリードしてきた研究者の一人、ニコラス・クラフツ（Crafts, N.）は、1970年代以降の産業革命研究をサーベイして次のように総括しています[3]。

第一は、マクロ的に見て、経済成長率と経済成長に対する技術進歩の寄与度が、18世紀末以降のイギリスで急激に上昇したという事実はないという点です。表6.1はクラフツによる成長会計の結果を示しています。成長会計というのは、マクロ的な生産関数を前提として、経済成長率を生産要素（資本、労働）増加の寄与による部分、および技術進歩の寄与による部分に分解する方法です。生産要素価格が市場で競争的に決まっていると仮定すると、下の (6.1) 式によって、経済成長率を技術進歩の寄与ないし総要素生産性（TFP）上昇率 $\frac{\Delta A}{A}$、資本増加の寄与 $\alpha \frac{\Delta K}{K}$、および労働増加の寄与 $\beta \frac{\Delta L}{L}$ に分解することができます。α は資本分配率（利潤/付加価値）、β は労働分配率（賃金/付加価値）を示します。実際の推計においては、第2項と第3項をデータから計算し、左辺からこれらを差し引いた残差としてTFP上昇率を求めます。

$$\frac{\Delta Y}{Y} = \frac{\Delta A}{A} + \alpha \frac{\Delta K}{K} + \beta \frac{\Delta L}{L} \qquad (6.1)$$

表6.1に示されているように、経済成長率（年率）は、産業革命前にあたる1700-60年の0.7%から1760-1801年の1.0%、1801-31年の1.9%に上昇しました。確かに経済成長率は産業革命期に上昇していますが、その変化は連続的で、また到達した成長率も高くないというのがクラフツの評価で

---

[3] Nicholas F. R. Crafts, "Historical Perspectives on Development," in Gerald E. Meier and Joseph E. Stiglitz eds., *Frontiers of Development Economics : The Future in Perspective*, Oxford : Oxford University Press, 2000.

表6.1 イギリス産業革命の成長会計

期間	経済成長率	資本投入増加の寄与	労働投入増加の寄与	残差(TFP上昇率)
1700-1760	0.70%	0.35%	0.15%	0.20%
1760-1801	1.00%	0.50%	0.40%	0.10%
1801-1831	1.90%	0.85%	0.70%	0.35%

(出所) Nicholas F.R.Crafts, "Industrial Revolution" in Roderick Floud and Donald MaCloskey eds. *The Economic History of Britain since 1700*, second edition, Cambridge：Cambridge University Press, 1994.

す。一方，TFP上昇率は，同じ期間に，それぞれ0.2％，0.1％，0.35％と推移しました。産業革命の前半期にはむしろTFP上昇率が低下したことになります。

産業革命観に関する第二の修正点として挙げられているのは，綿工業生産の経済全体に占めるウェイトが小さかったことです。ニック・ハーレイ（Harley, K.）の推計によると，鉱工業・建設業の生産に占める綿工業のシェアは1815年に7％，1841年でも10％にとどまりました。綿工業がリーディング・セクターだったという見方は量的に見て妥当ではないとされています[4]。

○「大分岐」と産業革命の再評価

以上のように，産業革命が経済に劇的な変化を与えたという見方を修正する研究が1970年代以降，進んできましたが，近年，ふたたび産業革命の画期性が強調されるようになっています。近年の動きの出発点となったのは，ケネス・ポメランツ（Pomerantz, K.）による，世界経済史の「大分岐」

---

4) C. Knick Harley, "British Industrialization Before 1841：Evidence of Slower Growth during the Industrial Revolution," *Journal of Economic History*, 42(2)：267-89, 1982.

（Great Divergence）に関する研究です[5]。ポメランツは，18世紀末まで西ヨーロッパと中国，イングランドと中国の長江デルタ地域の1人当たり所得水準が同等であったこと，その後にイングランドを含む西ヨーロッパの経済成長が加速して長江デルタ地域を含む中国との所得格差が長期的に拡大して行ったことを強調しました。それまで所得格差が小さく，その意味で比較的均質だった世界経済が，19世紀以降，豊かな地域と貧しい地域に大きく分岐していったというわけです。ポメランツは大分岐が生じた原因についても論じています。その際に彼は，東アジアと西ヨーロッパの人口集積地域で，それ以上の成長を阻害する共通の制約が顕在化したことを強調します。それは土地，燃料，食糧等の環境からの制約です。そのうえで，19世紀初め以降，西ヨーロッパでこれらの制約を緩和する二つの変化が生じたことが大分岐の原因であるとしました。第一に燃料の木材から石炭への転換，第二に南北アメリカ大陸からの土地集約的財の輸入です。これら二つの変化が，西ヨーロッパの成長への制約を緩和して持続的経済成長を可能にし，そのことが大分岐をもたらしたとされています。

　石炭への燃料転換は産業革命の中心的な部分であり，その点でポメランツの研究は産業革命の意味にあらためて研究者の関心を惹き付けました。また，1人当たりGDPや総要素生産性が産業革命によって大幅に上昇しなかったとしても，指数関数の性質から，変化率の上昇は，長期に持続すれば非常に大きな影響を与えます。図6.2はそのことを印象的に示しています。紀元1年からの超長期の目で見た場合，19世紀の初めが人類史の大きな転換点であったことは明かです。1900年以上，ほとんど増加しなかった1人当たりの所得が，一部の地域で爆発的に上昇するようになり，それは他面では地域間の豊かさの「大分岐」をもたらしました。

　上述のように産業革命は近年，ふたたび経済史研究の主要なトピックの一

---

5) Kenneth Pomerantz, *The Great Divergence : China, Europe, and the Making of Modern World Economy*, Princeton : Princeton University Press, 2000（川北 稔監訳『大分岐：中国，ヨーロッパ，そして近代世界経済の形成』名古屋大学出版会，2015年）.

(注) ゲアリー・ケーミス・ドル (Geary-Khamis Dollar) は，ある時点（ここでは 1990 年）における米ドルの購買力を基準とした仮想的な通貨単位。
(出所) マディソン・プロジェクト・データベース (http://www.ggdc.net/maddison/maddison-project/home.htm) より作成。

図 6.2　産業革命のインパクトと「大分岐」

つとなり，さらには経済成長理論にも影響を与えています。経済史分野における近年のまとまった研究として，ロバート・アレン (Allen, R. C.)，グレゴリー・クラーク (Clark, G.)，ジョエル・モキア (Mokyr, J.) の著書を挙げることができるでしょう[6]。また，産業革命という歴史上の出来事を組み

---

6) ロバート・C・アレン『なぜ豊かな国と貧しい国が生まれたのか』グローバル経済史研究会訳，NTT 出版，2012 年，Robert C. Allen, *The British Industrial Revolution in Global Perspective*, Cambridge：Cambridge University Press, 2009，グレゴリー・クラーク『10 万年の世界経済史』久保恵美子訳，日経 BP 社，2009 年，Joel Mokyr, *The Enlightened Economy, An Economic History of Britain 1700–1850*, New Haven：Yale University Press, 2009.

込んで経済成長理論を再構成する試みは，ミカエル・クレマー（Kremer, M.），オデッド・ガロール（Galor, O.）等によって行われています[7]。

産業革命はマクロ的に見て世界経済史における重要な画期でした。同時に産業革命はミクロ・レベルで技術を変化させ，人々の働き方を大きく変えました。マクロ的な変化はミクロ・レベルの技術と生産組織の変化を反映しているということができます。以下では，産業革命の過程で導入された工場制という新しい生産組織がどのような意味を持ったかについて考えます。

6.2　「ボスたちは何をしているか？」

○ スティーブン・マーグリンの問題提起

工場制という生産組織に対する経済学者の関心は経済学の歴史とともに古いといっても過言ではありません。アダム・スミスは，『諸国民の富』の中で分業について考察する際に，ピンを製造する工場を例にとっています[8]。材料の針金からピンを作るまでの工程を分割し，個々の小工程を専門化した職人に担当させている工場を観察したスミスは，そこから分業がいかに生産性を高めるかについての洞察を得ています。マルクスは『資本論』の2つの章（第1巻第12・13章）を工場制に関する考察に充てました。マルクスの関心は，工場制がいかに人々の働き方を変え，また資本家による労働者の「搾取」を増大させるかにありました。

---

7) Michael Kremer, "Population Growth and Technological Change : One Million B.C. to 1990," *Quarterly Journal of Economics*, 108(3) : 681-716, 1993 ; Marcos Chamon and Michael Kremer, "Economic Transformation, Population Growth and the Long-run World Income Distribution," *Journal of International Economics*, 79 : 20-30, 2009 ; Oded Galor, *Unified Growth Theory*, Princeton : Princeton University Press, 2011.

8) アダム・スミス『諸国民の富』大内兵衛・松川七郎訳，岩波文庫，1959-1966年。

今日，マルクス主義は経済学の分野で影響力を失っていますが，1970年代には，アメリカを中心に一部の経済学者がマルクス主義の影響を受け，「ラディカル派経済学」と呼ばれる一つの学派を形成するまでになったことがありました。その学派で指導的な立場にあったスティーブン・マーグリン（Marglin, S.）が発表し，大きな反響を呼んだ論文に「ボスたちは何をしているか？」（"What Do Bosses Do？"）があります[9]。マルクス主義の立場から工場制の本質を論じたこの論文は，ラディカルズの範囲を超えて，多くの経済理論研究者，経済史研究者の関心を集めました。

マーグリンが提起した問題は，「技術が社会経済組織を形づくるのか，あるいは社会経済組織が技術を形づくるのか」という問いです。これは具体的に，工場制という生産組織は技術的必然かという問いと言いかえることができます。そしてマーグリンが工場制の本質と考えているのは「ヒエラルキー」（位階制的構造），すなわち，工場経営者が労働者の生産活動を管理するという構造です。自営業者の場合と異なって，工場で働く労働者は，何をどのように生産するかについて，工場経営者ないし経営者から権限を委譲されている管理者の指示を受けます。こうした構造は技術によって必然的に要請されるという見方に，彼は疑問を提起したわけです。

○ ヒエラルキーの歴史的起源

もちろん，マーグリンが，19世紀の機械打ち壊し運動家のように，産業革命以前の経済を理想としているわけではありません。彼は，現存する技術はヒエラルキー的な生産組織に適合するように，歴史過程を通じて設計されてきたものであると考えます。言いかえれば，ヒエラルキー的でない，すなわち，個々の労働者が自分の生産活動を管理するような生産組織でも高い効率性を実現できるような技術を設計することができる，ないし歴史を遡れば

9）スティーブン・マーグリン「ボスたちは何をしているか」青木昌彦編著『ラディカルエコノミックス』中央公論社，1973年．

できたはずだと考えます。そして，それを実現するためには，単に技術を変えるだけでなく，経済全体の変革が必要とされるというのが彼の主張です。「基本的な諸制度－学校から工場に至る－がヒエラルキーに合うように仕組まれている社会では，ちっぽけな変革の試みも，おそらく失敗を運命づけられているだろう」からです。言いかえれば，マーグリンは，技術と制度・組織の補完性，そしてそれに基づく経路依存的な経済システムの進化という見方を提起したことになります。この見方は，マルクス主義の枠を超えて，今日でも参照するに値します。

　マーグリンは，技術がヒエラルキー的社会経済組織を要請したのではなく，ヒエラルキー的社会経済組織が技術を形作ったという主張を裏付けるために歴史的アプローチをとりました。すなわち，工場制の形成過程に遡ることによって，直接生産者がなぜ生産の管理権を失ったか，管理者（ボス）-労働者のヒエラルキーはどのような環境が生み出したのか，それはどのような社会的機能を持っているか，といった問題に対する答えを探りました。

　マーグリンは，労働者の生産に対する管理権の喪失は問屋制と工場制の２段階で生じたと考えます。問屋制については第７章で詳しく述べますが，簡単にいえば，問屋が，自分の家にそれぞれ作業場を持つ労働者に原材料と場合によっては道具を貸与し，問屋の指示する製品を生産させて工賃を支払うという生産組織です。労働者はどのように働くかについては自分で管理しますが，生産物の管理権は問屋に集中しています。そして次の段階とされる工場制においては，生産物の管理権だけでなく，労働者がどのように働くかという生産過程に関する管理権も工場経営者が掌握しています。

　マーグリンが挙げている歴史的な証拠は，主に技術変化に先行して生産組織の変化が生じたというものです。すなわち，個々の労働者が自律的に労働していた時と同じ技術のままで，問屋制，さらには工場制への移行が生じたという事例を挙げ，これを技術が生産組織を決定するのではないという主張の論拠としています。「機械織機が実用化されるずっと以前に，手織工たちは仕事場に集められ，家内工業が用いたのと同じ技術で作業した。手織工場

が企業家にとって収益性のないものであったならば，それは長続きしなかったはずである。同様に明白なことは，利益源が優れた技術の中にあったわけではない，ということである」というわけです。

　技術が同じにもかかわらず，工場（集中作業場）に労働者が集められた理由を，マーグリンは「規律と監督」にあると考えます。労働者を経営者の監督下に置いて，彼らに規律を与えることによって生産性を高めることが，工場制への移行の理由であると見るわけです。論文のタイトルに掲げられた問いに即していえば，「ボスたちは労働者を監督し規律を与えている」というのがマーグリンの答えです。

○「ボスたちは本当は何をしているか？」

　マーグリンの論文に対しては，経済史研究者のデービッド・ランデス（Landes, D. S.）が，「ボスたちは本当は何をしているか」("What Do Bosses Really Do?")という機知に富むタイトルの，批判的な論文を書いています[10]。ランデスは，マーグリンと同様に工場経営者の役割の一つが労働者の規律と監督であることを認めます。というより，この点についてはむしろマーグリンがランデスの研究に依拠しています。しかし，ランデスは工場経営者の役割はそれだけではないと見る点でマーグリンに対して批判的です。

　工場経営者は工場で生産された製品を販売しますが，マーケティングには，時間や言語能力など固有の能力が必要とされることが強調されています。利潤の源泉は労働者の「搾取」だけではないという論点です。また，ランデスは，技術も重要であると考えます。たしかにマーグリンが言うように，手織技術を用いた集中作業場，すなわちマルクスのいうマニュファクチャーが16世紀以降のイギリスの毛織物工業で設立されましたが，集中作業場が分散的な手織業者に対して競争上の優位を確立するのは，中心的な工程が機械

---

10) David S. Landes, "What Do Bosses Really Do?" *The Journal of Economic History*, 46(3): 585-623, 1986.

化された19世紀になってからであったことが指摘されています。規律と監督だけでは，十分に生産性を高めることはできなかったというわけです。

興味深いことに，マーグリンは上の論文の中で，ロナルド・コースの取引コスト経済学に言及しています。マーグリンは一方で，企業を市場と代替的な資源配分の仕組みと見るコースの立場を高く評価します。しかし他方で，企業を，取引コストを節約する手段と見て，労働者を服従させるための手段と見ていないとしてコースを批判しています。このコメントからうかがわれるように，マーグリンの見方と取引コスト経済学の見方の関係は微妙です。

この点は，コースを継承して取引コスト経済学を確立したオリバー・ウィリアムソンの書物からも読みとることができます。ウィリアムソンは取引コスト経済学の考え方を体系的にまとめた『資本主義の経済制度』という書物の1つの章を，マーグリンのヒエラルキー論の検討に充てています[11]。ウィリアムソンもマーグリンと同様に工場における規律と監督の役割を重視しますが，その機能を取引コストの節約と捉えます。労働者による怠業，原材料詐取，粗悪品の生産等は，労働取引にまつわる取引コストであり，それを節約する仕組みとしてヒエラルキーに基づく規律と監督が発達したと考えるわけです。

これに対してマーグリンは，規律と監督の機能をもっぱら経営者による労働者の搾取という所得分配の視点から理解します。この見解の相違は，価値判断の問題に近いように思います。両者が対立していると見るよりむしろ，マーグリンの論文は，問屋制や工場制という生産組織の内部に光を当て，次節で述べるチャンドラーの経営史研究と並んで，取引コスト経済学を含む組織の経済学的分析への道を開いた先駆的研究として評価されるべきだと考えます。

---

11) Oliver E. Williamson, *Economic Institutions of Capitalism : Firms, Markets and Relational Contracts*, New York : Free Press, 1985, Chapter 9.

6.3 「見える手」の革命

○ 鉄道とアメリカ経済

　イギリス産業革命の影響は19世紀後半に新大陸のアメリカに及びました。産業革命の成果である工場制や鉄道が広大な国土を持つアメリカに移植された時，20世紀の経済を特徴づけることになる新しい組織が生み出されました。整備された官僚制的内部組織を備え，雇用された専門的経営者と管理者によって経営される大規模な企業です。19世紀後半以降，アメリカで大企業が形成され，経済の仕組みを変えていったという見方を，綿密な企業内部資料の調査を通じて提示したのが，アメリカの経営史研究者，アルフレッド・チャンドラー（Chandler, A. D.）です。チャンドラーの研究によりながら，19世紀後半以降のアメリカで生じた企業組織の革新について述べることにしましょう[12]。

　変化の原動力としてチャンドラーが重視するのは鉄道の発展です。鉄道は2つの意味で変化の原動力となったとされます。第一に，鉄道会社自体が最初の大企業として，組織革新を先導しました。第二に，鉄道は広大なアメリカの国土を1つの市場に統合し，大量流通・大量生産の条件を形成しました。アメリカで初めて鉄道が東部に建設されたのは1830年代初めです。その後，鉄道は西部に向かって伸びていきました。1869年に鉄道は太平洋岸に達し，1870年代には，ほぼ今日のアメリカの鉄道網が完成しました。

○ 企業組織の革新

　各鉄道路線は民間企業によって経営されました。これらのうち，幹線鉄道

---
[12] 以下は，アルフレッド・チャンドラー『アメリカ経営史』丸山恵也訳，亜紀書房，1986年による。

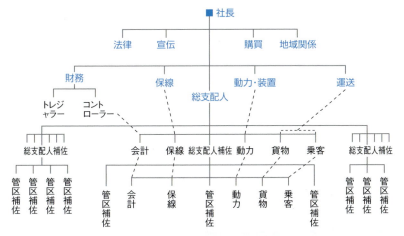

1870年代以降の鉄道や20世紀の航空，大型バス，トラックの路線によって修正された形態。
(出所) アルフレッド・チャンドラー『アメリカ経営史』丸山恵也訳, 亜紀書房, 1986年, pp.96-97。

図6.3　複数事業企業のライン・アンド・スタッフ組織

を経営する鉄道企業はそれまでの企業にない特徴を持っていました。第一に，これらの企業は，それまでの企業に比べて格段に規模が大きく，また事業の性質上，業務が広い地域にわたっていました。工業企業の資本金が最大でも100万ドル程度だった当時，少なくとも15の鉄道企業の固定資産額がそれぞれ500万ドルを超えていました。また，工業企業の従業員数が多くても150人程度であった当時，大規模な鉄道企業は4,000人前後の従業員を雇用していました。第二に，複雑なダイヤを管理し，鉄道を安全かつ効率的に運行させるためには，高い管理能力が必要とされました。

広域に分散した多額の資産と多数の従業員を管理し，複雑なダイヤを運営するために，大規模な鉄道企業は新しい組織構造を発達させました。ペンシルベニア鉄道という会社でまず導入された，ライン・アンド・スタッフ制と呼ばれる組織がそれです（図6.3）。運送，動力・装置，保線，財務という

1セットの職能を持つ，いくつかの現業の単位が地域ごとに設けられました。各管区には管区支配人が置かれ，社長－総支配人－管区支配人という現業部門の縦の指揮命令系統が確立されました。この指揮命令系統をラインといいます。一方，本社における運送，動力・装置，保線，財務の各職能部門の管理者は，現場への指揮命令権を持たず，社長を補佐するスタッフと位置づけられました。この組織を機能させるために，上の階層から下の階層に命令・指示が流され，下の階層から上の階層には日報，週報，月報の形で報告が提出されました。そして，各管区支配人の業績を評価し，また料金設定を行うために原価計算を含む会計システムが整備されました。

○ 大量生産と大量流通の統合

　鉄道網の整備は，アメリカに統一された巨大な国内市場を生み出しました。そして，大きな市場から十分な利益を引き出すために，新しい形態の企業が現れました。大量生産機能と大量流通機能を1つの組織の中に統合した企業です。それまで工業，流通業の企業は，規模が小さかっただけでなく，それぞれ工業ないし流通業に専門化しているのが普通でした。これに対して，鉄道網が完成した19世紀末以降，多くの工業企業が大量生産技術を導入するとともに，自社製品を販売するための販売部門，原材料を調達するための購買部門を社内に持つようになりました。

　工業企業による流通機能の統合の動きを，チャンドラーは3つのパターンに区分して説明しています。第一は，低価格のパッケージ商品の生産に連続工程の大量生産技術を導入した企業です。タバコ（デュークズ・アメリカン・タバコ），マッチ（ダイヤモンド・マッチ），朝食シリアル（クエーカーズ・オーツ），缶詰食品（キャンベル，ハインツ），石鹸（プロクター・アンド・ギャンブル），写真フィルム（イーストマン・コダック）などです。これらの企業の生産能力は，既存の流通企業の能力を超えていました。そこで，これらの企業は独自の販売網を全米さらには世界に拡大しました。さらに，

生産を連続的に行うのに必要な原材料を確保するために，購買の方向でも流通機能を統合しました。

第二は，使用とメンテナンスに特別なサービスを必要とする製品を生産する企業です。ミシン（シンガー），農業機械（マコーミック・ハーベスター，ジョン・ディーア），事務機（レミントン・タイプライター，ナショナル・キャッシュ・レジスター），重機械（オーティス・エレベーター，ウェスタン・エレクトリック，ウェスティング）などの企業です。そして，第三が，腐敗しやすいため流通過程で特別な取り扱いを必要とする商品を生産する企業です。食肉加工企業（スウィフト，アーマー）は，腐敗しやすい食肉を全国に供給するため，冷蔵鉄道車両と冷蔵倉庫を備えた支店網を展開しました。

○ 経営者の役割

生産機能と流通機能を統合して全国的に事業を展開した大企業は，新しい経営管理上の課題に直面しました。複数の地域で事業活動を行うだけでなく，各地域で生産と流通に関する複数の職能を担うことになったためです。このような企業は職能別の複数のラインを持つライン・アンド・スタッフ組織を導入しました（図6.4）。営業，製造，資材等の職能別に，複数の地域の事業所を底辺とする指揮命令系統（ライン）が設定されたわけです。

複数のラインを持つ大規模な企業組織を効率的に管理するため，本社機能が拡充されました。社長，取締役会会長，職能部長が構成する経営委員会が本社に設けられ，トップマネジメント機能を担うようになりました。その主要な機能は，評価，調整，企画であるとされています。評価というのは，各職能部門と企業全体の業績を評価することで，投資収益率が基本的な基準とされました。調整は，各職能が相互に過不足なく円滑に流れていくように，スケジュールを設定することを指します。そして企画は，将来の事業の方向を考えて，資源を配分する機能をいい，ここでも投資収益率が基本的な指針とされました。

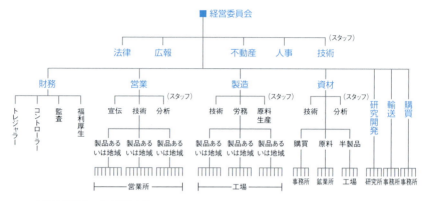

1890年代以前の総合製造企業。
(出所) 図6.3参照。

図6.4　複数事業・複数機能企業の職能別ライン・アンド・スタッフ組織

　チャンドラーが描いている大企業のトップマネジメント機能は，経済システム一般が備えるべき基本的な機能を含んでいます。本書の「初版へのはしがき」で述べたように一般に経済システムが機能するためには，何らかの仕組みによって，何をいつどれだけ誰が生産するかを決めるコーディネーションと，経済主体が割り当てられた仕事を行うように適切な動機を与えるモティベーションを実現する必要があります。チャンドラーが最初の書物を刊行した1960年代初めまで，多くの経済学者は，コーディネーションとモティベーションの2つの機能は，近代以降の先進経済では，主に市場機構によって担われていると考えていました。

　これに対して，チャンドラーは19世紀末以降のアメリカで，大企業のトップマネジメントがこれらの機能の大きな部分を担うようになったという見方を提起したわけです。チャンドラーは，1977年に刊行した著書に *Visible Hand*（「見える手」）というタイトルを付け，市場の"Invisible Hand"（「見えざる手」）ではなく，経営者の「見える手」が資源配分の主役になってい

るという論点をあたらめて強調しました[13]。マーグリンの論文と関係づけると、チャンドラーは「経営者は何をしているか」を綿密な企業内部資料の調査を通じて明らかにしたといえます。そして、チャンドラーの研究は、経済学に影響を与え、もっぱら市場を分析としてきた経済学が、本格的に組織の分析に取り組む出発点となりました。

6.4　生産・流通組織の選択

○ 取引コスト経済学

　チャンドラーの研究は特に、先にふれた取引コスト経済学に大きな影響を与えました。取引コスト経済学では、取引にともなうコストが、取引の属性と取引の統治構造によって異なると見て、取引の属性に応じて取引コストを最小にする統治構造が選ばれると考えます。取引の属性の中で最も重視されるのが「資産特殊性」、すなわち取引に関係する資産がその取引のためだけに有効か、あるいは他の取引にも転用できる汎用性を持つか、という性質です。資産特殊性が大きい資産に関する取引を、市場を通じて行おうとすると高い取引コストがかかります。自動車組立メーカーAと部品メーカーBの間の取引を例にとって説明しましょう。

　A社がB社から部品を購入する際、A社の自動車のためにカスタマイズされた部品を要求し、その部品を生産するためにB社は特別な設備を設置する必要があるとします。B社が設置する特別な設備は特殊性の高い資産です。この場合、B社はその設備投資をいったん行ってしまうと、A社に対して交渉上弱い立場に置かれます。B社としては、A社用の部品を生産して、A社

[13) アルフレッド・チャンドラー『経営者の時代——アメリカ産業における近代的企業の成立』（上・下）鳥羽欽一郎・小林袈裟治訳、東洋経済新報社、1979年。

に販売する以外に，その設備を活用することができないからです。このような状況につけこんで，A社が部品を安く売ることを要求する可能性があります。そしてこのような事態を事前に予想するB社はその設備投資を避けることになります。これは，資産特殊性の大きいために市場取引の取引コストが禁止的に高くなり，取引が成立しないケースです。

このような場合に，取引コストを節約する統治構造として，例えば長期契約を両社の間で結びことが考えられます。B社が生産するカスタマイズされた部品について，A社がある期間にわたってある数量購入することを事前に契約しておくわけです。しかし，長期にわたる将来について，予想されるさまざまな事態を想定して契約を作成するには高いコストがかかります。これが長期契約という取引統治構造にともなう取引コストです。このコストが高い場合，A社は部品製造を自社で行うことを選択することになります。この場合は，取引は企業に内部化され，企業組織が取引の統治構造となります。すなわち，垂直統合は，取引コストを節約するための取引ガバナンス構造の選択と解釈されるわけです。

○ 取引ガバナンス構造の選択と企業組織

取引コスト経済学の考え方を用いると，チャンドラーが明らかにした19世紀末アメリカにおける市場と企業の関係の変化をうまく説明することができます。しかし，同時に，取引コスト経済学からは，チャンドラーが普遍的で不可逆的な歴史的傾向と考えた企業組織への取引の内部化は，特定の条件の下で生じる可逆的な現象であるという見方が導かれます。このような見方を強調したのは，ナオミ・ラモロー（Lamoreaux, N.），ダニエル・ラフ（Raff, D. M. G.），ピーター・テーミン（Temin, P.）という3人の経済史研究者です。彼らは，取引コスト経済学の視点から，19世紀末から20世紀末に至るアメリカの企業組織の変化を描きました[14]。

彼らをチャンドラー史観の見直しに導いたのは，取引コスト経済学の理論

表6.2 1912年にアメリカ最大企業100社に入っていた54社の長期パフォーマンス（1995年との比較）

最大100社の地位を維持	17社
存続して1912年より規模拡大	26社
存続	48社
退出	6社

（注）　規模は株価時価総額ベース。
（資料）　Leslie Hannah, "Marshall's 'Trees' and the Global 'Forest'：Were 'Ginat Redwoods' Different?" in Naomi Lamoreaux et al. eds. *Learning by Doing in Matkets and Countries*, Chicago：The University of Chicago Press, 1999, pp.253-256.

的枠組みとともに、1980年代以降のアメリカ経済で生じた企業組織の大きな変化でした。チャンドラーが1970年代後半に *Visible Hand* を刊行したときには、20世紀前半と同様、統合された大企業がアメリカ経済で主要な地位を占めていました。リチャード・エドワーズ（Edwards, R.）は、1919年から1969年の期間に、アメリカの最大規模企業のランキングがほとんど変化しなかったことを確認しています。

ところが、1990年代末にレズリー・ハンナ（Hannah, L.）が同様の調査をしたところ、次のような大きな変化が生じていました（表6.2）。1912年にアメリカの大規模企業上位100社に入っていた54社のうち、1995年に上位100社にとどまったのは17社にすぎませんでした。さらに、同じ54社のうち、インフレーションを調整した実質資本金額が1912-95年の期間に増加したのは26社だけでした。これは1980年代以降に、大規模企業の大幅な交代が生じたことを含意しています。実際、1980年代に複数の事業を統合したコングロマリット型企業の株式市場における評価が低下し、これらの企業

---

14) Naomi R. Lamoreaux, Daniel M. G. Raff and Peter Temin, "Beyond Markets and Hierarchies：Toward a New Synthesis of American Business History," *American Historical Review*, April, 2003：404-33.

の多くが買収の対象とされて，解体されて行きました。

　19世紀末以降に進んだ垂直統合と20世紀末に生じた統合企業の解体を一貫した論理で説明することは可能でしょうか。まず，19世紀末以降のアメリカで垂直統合が進展した理由をあらためて考えてみましょう。この時期のアメリカで，全国市場向けに大量生産を計画した企業（メーカー）にとって，大量生産体制を支えることができる製品・原材料の流通機構で，利用可能な既存のものはありませんでした。全国市場向けに生産する企業が多くない状況下で，流通企業がそのメーカーの需要に応じるための設備を設ける場合，その設備は多分に資産特殊性を持ったと考えられます。そのため，メーカーと流通企業の間の，流通サービスに関する取引コストは高く，したがってメーカーは流通サービスの供給を内部化することを選択したと考えられます。

　これに対して，現代のアメリカでは，多くの流通企業が，設備と専門的なノウハウを蓄積して，流通サービス需要に応えることができます。また，全国的な流通サービスを需要するメーカーも多数あります。したがって，メーカーが流通サービスを需要する場合に，流通企業があらためて設備投資を行う必要も，また投資された設備の資産特殊性も大きくないと考えられます。もしそうであるとすれば，流通サービスの取引コストは小さいということになります。

　市場を利用するコストが小さい場合，取引を組織に内部化することは必ずしも有利ではありません。組織内の取引にも固有のコストがかかるためです。その代表的なものは，組織内の主体のインセンティブが低下することです。一般に市場は，その参加者に強いインセンティブを与えます。市場における競争は，効率の低い企業や人を取引から排除します。そして，その脅威がインセンティブとして機能します。これに対して，組織の中では，市場ほど直接的に競争の圧力が働きません。組織の管理者は，さまざまなインセンティブの仕組みを工夫して，効率性の維持，向上に努めるのはそのためです。

　上に述べたように，19世紀末以降にアメリカで形成された統合企業では，報告と業績評価の仕組みが導入されましたが，これらは，取引の内部化にと

もなうインセンティブ上の問題を解決する役割を担ったと見ることができます。そして、その結果、市場取引のコストが高かった20世紀前半までは、統合企業が相対的に高い効率性を実現してきました。しかし、市場取引のコストが低下した現代においては、20世紀前半的な統合企業はその組織内取引のコストのために、相対的に非効率になっていると考えられます。1980年代以降のアメリカで多くの統合企業が株式市場の圧力によって解体に追い込まれたという事実が、そのことを示しています。

理解と思考のための問題

6.1　ロバート・C・アレン『なぜ豊かな国と貧しい国が生まれたのか』（文献案内参照）を読んで，世界経済史における大分岐について学んで下さい。

6.2　20世紀初めの日本の工場で，「ボスたちは何をしていた」でしょうか。農商務省『職工事情』上・中・下（岩波文庫，1998年）を手がかりにして調べてみましょう。

6.3　ウィリアムソンの *Economic Institutions of Capitalism*（本文脚注11参照）第9章を読んで，取引コスト経済学からの工場制の捉え方について理解して下さい。

6.4　日本における鉄道の普及が経済に与えた影響について調べ，アメリカと比較してみましょう。

6.5　日本の自動車会社は部品の多くを下請企業（協力企業）から購入しています。この部品取引をガバナンスしている仕組みはどのようなものでしょうか。

6.6　GEと日立製作所の企業組織の変遷について調べてみましょう。

第7章

生産組織Ⅱ：奴隷制・地主制・問屋制

　奴隷制の下では，1人の人間全体が，本人の意思とは無関係に奴隷主の所有物，ないし資産となります。奴隷制は古代だけの生産組織ではなく，近代においても南北戦争後まで，アメリカ南部で奴隷制が大規模に発達していました。アメリカ南部の奴隷制は，イギリス産業革命がもたらした綿花需要の増大によって生み出されました。南部で長く奴隷制が持続したのは，奴隷への「投資収益率」が高かったことにより，そしてそれは，奴隷農場の生産性が高かったことに基づいています。奴隷農場では，生産性を高めるために，注意深くコーディネーションとインセンティブが設計されました。（裏面に続く）

自由農民による生産組織として地主制があります。地主と小作農の契約形態は定額小作契約とシェア小作契約に区分され、時代、地域によって両者の分布が異なっています。そして、契約形態の選択については、契約理論からリスク・シェアリング仮説とマルチ・タスキング仮説（モラル・ハザード仮説）を引き出すことができます。ダニエル・アッカーバーグ等は、14世紀北イタリアの小作契約に関するデータを用いて契約選択の要因について分析し、リスク・シェアリング仮説よりマルチ・タスキング仮説の方が妥当性が高いことを明らかにしました。

問屋制は、しばしば工場制以前の古い生産組織と理解されますが、実際には、多くの地域で工場制と併存して問屋制が機能してきました。例えばデンマークでは、工程の標準化や、原材料の規格化を通じて、それまでの問屋制にまつわる取引コスト節約され、このような形で適応した問屋制が20世紀初めまで大きな役割を果たしました。

○ KEY WORDS ○

奴隷制，定額小作契約，シェア小作契約，
リスク・シェアリング，マルチ・タスキング，
問屋制

7.1 奴隷制

○ 奴隷制とは何か

　第6章では，工場と企業という現代の先進国経済で中心的な役割を果たし続けている生産組織の歴史を取り上げました。しかし，人類の歴史を振り返ると，人々の働き方は，賃金を受け取って工場や企業で働くというものだけではありませんでした。この章では，工場と企業以外のいくつかの生産組織について説明します。

　現代のわれわれから見て最も異質で，遠い存在と思われる生産組織は奴隷制でしょう。工場制においては，労働者は，各自の自由意思に基づいて雇用契約を結び，その契約の枠内で，工場経営者の指示に従い，対価として賃金を受け取ります。これに対して，奴隷制においては，奴隷になるかどうかは奴隷本人の意思とは関係ありません。武力等の実力で拘束される，あるいは他の奴隷主から金銭で購入される等の方法で奴隷主の手に移ります。奴隷は奴隷主の所有物なのです。奴隷は金銭的な報酬は受け取りません。ただし，奴隷主にとって奴隷は価値のある資産なので，生存し，体力を維持するのに必要な生活条件は，通常，奴隷主によって与えられます。

　奴隷制は，古代にはさまざまな地域で見られました。ローマ帝国の奴隷制はよく知られていますが，日本にも奴隷身分がありました。しかし，奴隷制という非人道的な制度が世界からなくなったのは，それほど昔のことではありません。アメリカで，南北戦争後の1865年に奴隷解放が行われるまで，奴隷制はアメリカ南部の経済を支えていました。日本の明治時代直前にあたる時期に，まだ世界には大規模に奴隷制が存在したわけです。以下では，経済史の分野で多くの研究が蓄積されている，18-19世紀アメリカ南部の奴隷制について述べることにします。

◯ 綿花栽培とアメリカ南部の奴隷制

アメリカ南部の奴隷制は綿花栽培と密接に結びついています[1]。18世紀における南部の主要作物は綿花ではなくタバコでした。18世紀末以降，2つの事情が南部農業に大きな変化をもたらしました。第一は前章で述べたイギリスの産業革命です。イギリス綿工業の拡大が綿花需要の増加をもたらしました。第二は，エリ・ホイットニーによる綿繰機の発明です。

一方，この時期，綿花栽培を行う農場主にとって，雇用労働力を確保することが難しくなっていました。自由な労働者たちは，農業労働者となるより自作農となることを選ぶ傾向があったからです。そこで，南部の農場主たちは奴隷労働力に依存するようになりました。奴隷は主にアフリカから調達されました。1808年に議会は奴隷の国際貿易を禁止しましたが，それまでに約66万人の奴隷が輸入されたと推定されています。奴隷の国際貿易が禁止された後も奴隷の国内での売買は合法でした。アメリカ南部の奴隷制は，綿花市場を通じてイギリス産業革命とつながっていたわけです。

南北戦争の一つの原因は，奴隷制の存続を主張する南部と，廃止を主張する北部の対立にありました。南部諸州はなぜ奴隷制に固執したのでしょうか。一つの推測は，奴隷を使役する農場主にとって，奴隷制が利益の大きな仕組みであったというものです。このような観点から，奴隷への投資がどの程度の収益を農場主に与えたかについての推計が研究者によって行われてきました。1950年代末という早い時点で注意深い推計を行ったのは，アルフレッド・コンラッド（Conrad, A. H.）とジョン・マイヤー（Meyer, J. R.）です。彼らは，標準的な株式投資収益率の計算式を奴隷投資に応用しました。農場主は奴隷1人に投資する際に，奴隷を使役するのに必要な土地と設備にも一定金額を投資すると想定します。奴隷1人の価格と対応する土地・設備の価格の合計を C とします。奴隷がもたらす年間の純収益，土地・設備がもたらす

---

[1] 以下，特に断らないかぎり，Jeremy Attack and Peter Passell, *A New Economic View of American History*, second edition, New York : W.W. Norton, 1994 によります。

(Granger/PPS)

図7.1　奴隷農場

年間純収益をそれぞれ，R，E とします。奴隷を使役することができる期間を n とすると，奴隷投資の収益率 i は，次の式から求めることができます[2]。

$$C = \frac{R+E}{i}\left[1-\frac{1}{(1+i)^n}\right] \quad (7.1)$$

C の値は，土地の質によって異なり，1350ドルから1700ドルの間に分布すると推定されました。$R+E$ は奴隷による綿花の平均生産量に綿花価格を乗じ，そこから奴隷の維持費用を差し引いて算出されました。これも土地の質に応じて幅を持った値をとります。n は1850年の生命表から30年とされました。以上のデータから求められた i は年率4.5％〜8.0％，平均6％でした。これは，当時の債券投資収益率とほぼ同等の水準です。コンラッドとマイヤーは，女性の奴隷については，彼女が生む子供の価値を考慮に入れました。奴隷の子供は奴隷として使役され，また売買の対象となったからです。

---

2) R. W. フォーゲル『アメリカ経済発展の再考察——ニューエコノミック・ヒストリー十講』田口芳弘・渋谷昭彦訳，南雲堂，1977年，p.257。

(Granger/PPS)

図 7.2　奴隷のオークション

収益率は子供の数によって異なった値をとりますが、子供が5人の場合 7.1％、10人の場合 8.1％ と推計されました。奴隷の投資収益率という概念に対する倫理的な違和感を別とすれば、コンラッドとマイヤーの推計は妥当なものと考えられ、今日でも広く受け入れられています。すなわち、「奴隷制は profitable であった」わけです。

○ 奴隷労働の生産性

奴隷制に利益があったとすると、次の問いはその理由です。奴隷を使役する綿花農場は自由農民による綿花農場と競争関係にありましたから、その問いは、なぜ奴隷農場は自由農民の農場に対して競争力を持っていたかという問題に置き換えることができます。ロバート・フォーゲル (Fogel, R. W.)

表7.1 アメリカ南部奴隷農場の生産性（北部＝100）

農場の規模（奴隷数）	
0	109.3
1-15人	117.7
16-50人	158.2
51人以上	145.9
全奴隷農場	140.4
全農場	134.7

（出所）Fogel and Engerman, op. cit.

とスタンレー・エンガーマン（Engerman, S. L.）はこの問題に取り組みました[3]。彼らはまず，1860年における農業の生産性（総要素生産性）を地域間で比較しました。奴隷制が普及している南部と奴隷制のない北部を比較したわけです（表7.1）。すると，南部の方が北部より34.7%生産性が高かったことが明らかになりました。ただし，南部にも自由農場がありましたから，もし南部の自由農場の生産性が著しく高かったとすれば，地域間の生産性格差は奴隷制の効果を示すことにはなりません。この点を考慮して南部の奴隷農場のみを取り出して北部と比較すると，生産性格差はむしろ40.4%に広がりました。

　この結果から，奴隷農場の収益率の高さは，その高い生産性に基づいていたと見ることができます。それでは，なぜ奴隷農場の生産性が高かったのでしょうか。工場の労働者と異なって，奴隷は賃金のインセンティブによって働いたわけではありません。また一生，奴隷であることを運命づけられた奴隷には，怠けたら解雇されるという脅威も機能しません。一般に，このような場合，高い生産性を維持することは容易ではありません。フォーゲルとエ

---

[3] Robert W. Fogel and Stanley L. Engerman, "Explaining the Relative Efficiency of Slave Agriculture in the Antebellum South," *The American Economic Review*, 67(3)：275-96, 1977.

ンガーマンは，一つの奴隷農場の記録を観察して，高い生産性の理由を探っています。彼らが発見した理由は，奴隷労働力の配分に関するものと，個々の奴隷の生産性に関するものに区分することができます。

まず前者について見ると，第一に，年間を通じて奴隷労働力に余剰が生じないように適切な作物の組合せを選択していました。主な作物である綿花の生産のための労働には大きな季節変動がありました。そのため，綿花生産のための農作業のピークに合わせて奴隷を所有すると，その他の時期に余剰労働力が生じてしまいます。そこで，綿花と農作業の繁忙期がずれる作物が選ばれました。この目的のためにはとうもろこしが最も適していました。とうもろこしは，綿より早く種を播くことができ，好都合なことに，収穫期はフレクシブルに選ぶことができました。

第二に，個々の奴隷の能力を評価して，適当な作業に奴隷を配分しました。最も能力の高い労働者は耕地での農作業に配分されました。その中でも，特に能力の高い労働者，具体的には20-30歳代の男子は鋤を用いる作業を割り当てられました。耕地での作業のうち，鍬を用いる作業は，能力が二番手の男子，少年男子と成年女子に割り当てられました。高齢の男子は，家畜の世話，庭師，家事労働などに従事しました。そして，高齢の女子には子守りや家事労働が割り当てられました。

次に，個々の奴隷の生産性を引き上げるために，奴隷の労働組織を適切に設計することに努力がはらわれました。労働組織は，季節に応じた農作業の種類ごとに設計されました。綿花の播種作業については，奴隷は3つの作業集団に組織されました。第一は先頭に立って7-10インチおきに播種用の穴をあける集団，第二はその穴に4-5粒の綿の種を入れる集団，そして第三は，最後に鍬で土をかける集団です。綿の播種作業を3つの単純作業に分解し，それぞれを別の奴隷集団に担当させるとともに，3つのグループが順序よく作業を行うようにコーディネートしたわけです。

また，上に述べたことと関係しますが，それぞれのグループには能力に応じて奴隷が配分されました。第一集団には，判断能力と動作能力にすぐれた

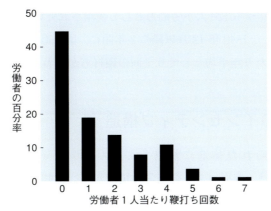

1840年12月以降2年間におけるベネット・H・バロウ農場における鞭打ちの記録。
(出所) R. W. フォーゲル, S. L. エンガーマン『苦難のとき——アメリカ・ニグロ奴隷制の経済学』田口芳弘・榊原胖夫・渋谷昭彦訳, 創文社, 1981年, p.111.

図 7.3 2年間における鞭打ち回数の分布

奴隷が配置されました。そして，最も能力の劣る奴隷は第二集団に，中間的な奴隷は第三集団に配置されました。綿が生育している期間には，鋤を用いる集団と鍬を用いる集団が組織されました。まず鍬集団が雑草や余分な綿の芽を，鍬を使って刈り取ります。その後に鋤集団が土を掘り起こして，綿の木のまわりに寄せていきます。そして，監督者が両集団の間を往復して，両集団のペースが揃うように督励するとともに，作業の質をチェックしました。これら播種作業，草取り作業に共通する特徴は，複数の作業集団が相互依存関係を持つように設計されていたことです。こうすることによって，各集団間は相互に作業ペースに関して圧力を掛け合うように仕向けられました。

以上のように，フォーゲルとエンガーマンは，奴隷農場の生産性が自由農場より相対的に高かったことを明らかにするとともに，生産性の高さが注意深い労働力配分と労働組織の設計にあったという見方を提起しました。

もちろん，必要に応じて奴隷に対する体罰も行われました。フォーゲルとエンガーマンは，ルイジアナ州の奴隷農場主の日記に基づいて鞭打ちの回数

に関するデータを示しています（図7.3）。1840年頃，この農場には約200人の奴隷がおり，うち120人が労働力として使用されていました。この120人の労働力に対して1840年12月以降の2年間に，計160回の鞭打ちが行われました。1人当たり年平均として0.7回の鞭打ちが行われたことになります。

○ 奴隷制のインセンティブ構造

　奴隷に加えられた体罰に注目して，ステファノ・フェノアルテア（Fenoaltea, S.）は，取引コスト経済学の視点から奴隷制のインセンティブの側面について理論的な考察を加えました[4]。フェノアルテアは，奴隷制では報酬によるインセンティブは機能しない一方で，怠惰に対して苦痛を与えることによってインセンティブが与えられていると考えます。そのうえで，報酬インセンティブと苦痛インセンティブの性質の相違について考察しています。

　彼によると，苦痛は，それを避けようとするために，働く人々の努力水準を高めることに効果的です。苦痛への恐怖は人々を強く動機づけるわけです。しかし他方で，苦痛インセンティブは人々の注意深さを増大させる効果はあまりありません。さらには，監督者への悪意から手抜き作業が行われることも有り得ます。一方で，作業によって，必要とされる注意深さに相違があると考えられます。そのため，注意深さが必要な作業には苦痛インセンティブではなく報酬インセンティブが用いられ，注意深さが必要とされない作業には苦痛インセンティブが用いられるというのが彼の基本的な考え方です。

　このような理論的枠組みによって導かれる予想を，フェノアルテアは歴史上の生産組織と対照してその妥当性をテストしています。古代アテネでは奴隷はほとんどもっぱら銀山で使役されました。また，古代ローマ帝国では，外地における奴隷の使役はあまり行われませんでしたが，ローマ帝国の版図内にあったスペイン，エジプト，小アジア等の鉱山では奴隷が広く使役され

---

[4] Stefano Fenoaltea, "Slavery and Supervision in Comparative Perspective：A Model," *The Journal of Economic History*, 44(3)：635-68, 1984.

ました。逆に，古代には自由民が鉱山で働くことはまれでした。さらに，近代初期に新大陸で最初にアフリカから奴隷を導入したのも鉱山でした。鉱山労働は注意深さをあまり必要としないと考えられますので，これらの歴史事象は理論的予想と整合的です。

それでは，アメリカ南部の奴隷制については，上の枠組みからどのようなことが言えるでしょうか。フェノアルテアは，南部の農場で作付けされていたのが，綿やとうもろこしなどの1年生の作物であったことが重要であるとしています。1年生の作物の場合，ぶどうやオリーブのような多年生の作物と異なって，翌年以降の収穫のために注意深く木の世話をする必要がありません。それが南部で苦痛インセンティブを用いて奴隷制が高い生産性を上げ，法的に禁止されるまで長く存続することができた理由であるというわけです。そして，こうした推論によって，ぶどうやオリーブを主な作物とした古代地中海の諸地域で奴隷制による農業生産が発達しなかったことも説明することができます。

フェノアルテアの論文は1984年に発表されたものですが，この考え方は，後に契約理論の分野で研究されたマルチ・タスキングの問題と関係があります。ベンクト・ホルムストロム（Holmstrom, B.）とポール・ミルグロム（Milgrom, P.）は，雇用主（プリンシパル）が代理人に複数の仕事を行わせる（マルチ・タスキング）場合，強力なインセンティブを与えることは適当でないことを理論的に示しました[5]。強力なインセンティブを与えると，一つの仕事に対する努力水準は上がりますが，観察されにくい他の仕事がおろそかにされるためです。フェノアルテアの論文に即していえば，努力と注意深さという2つの方向に人々の関心を向けるためには，努力を強く刺激する苦痛を与えることは適当でないといえます。これは，奴隷制のように，苦痛によって強いインセンティブを与える生産組織は，限られた分野でしか存続できないことを意味します。

---

5) Bengt Holmstrom and Paul Milgrom, "Multitask Principal-Agent Analyses: Incentive Contracts, Asset Ownership, and Job Design," *Journal of Law, Economics, and Organization*, 7：24-52, 1991.

7.2 地主制

◯ 地主制のインセンティブ構造

　多年生の植物や土地などの資産に注意深い取り扱いが必要な場合は，農場主が自分で耕作する形態，すなわち自作農しかあり得ないでしょうか．必ずしもそうではありません．一つの可能性は，賃金を支払って農業労働者を雇用する方法です．もう一つは，地主が土地を農民（小作人）に貸して，小作人から地代（小作料）を受け取る方法です．前者は近代のイギリスや現代のアメリカなどで見られる農業生産組織です．そして後者は，時代，地域を問わず広く観察されます．日本でも第二次世界大戦前には，農業で地主制が広く普及していました．賃金で農業労働者を雇う，および小作人に土地を貸すという2つの農業経営の方式は，農場経営者ないし地主と農業労働者ないし小作人の間の異なる契約形態として表現することができます．

　図7.4(a)は農場経営者と農業労働者との契約を表現しています．横軸は生産量，縦軸は農場経営者ないし農業労働者の取り分を示します．ここでは，地主制との相違を明確にするために，出来高賃金ではなく，定額賃金，すなわちどれだけ努力するかにかかわらず，一定時間当たりの賃金は一定というケースを示しています．労働者の努力水準が増加するにしたがって生産量は横軸にそって右の方に移動して行きますが，労働者の取り分は一定です．図の45度線から賃金を差し引いた部分が農場経営者の取り分（利潤）となります．すなわち，労働者はいくら努力水準を上げても取り分は増加せず，生産量の増加分はすべて経営者の取り分の増加になります．

　これに対して図7.4(b)は定額の地代で地主が小作人に土地を貸す場合を表現しています．賃金契約の場合と同様に，小作人の努力水準が上がるにつれて生産量が増加しますが，その分配の仕方は大きく異なります．今回は，

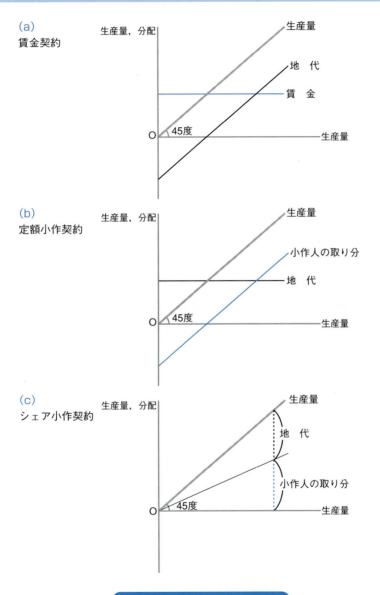

図 7.4 3つの異なる契約形態

生産量がいくら増加しても地主の取り分は増加せず，生産量の増加分はもっぱら小作人の取り分の増加に反映されます。

　農業労働者と小作人を一括して農民と呼ぶことにすると，定額小作契約の方が明らかに農民に強いインセンティブを与えます。努力水準の増加がそのまま農民の取り分の増加になり，逆に怠けた場合は，その結果生じた生産量の減少がそのまま農民の取り分の減少となるからです。他方，賃金契約の場合は，このようなインセンティブはまったく機能しません。したがって，経営者は農民が怠けないように監視をする必要があります。7.1で見た奴隷制は図7.4(a)で賃金が0の場合に相当します。奴隷農場主が体罰を含め，奴隷の努力水準を高めるためのさまざまな工夫をしたのはそのためです。

　経営者ないし地主の観点から見ると，定額小作契約の方が賃金契約よりははるかに有利なように見えます。たしかに，農民の増産インセンティブだけを考慮した場合，その通りです。しかし，現実の農業契約を理解するためには，他の2つの事情を考慮する必要があります。第一は前節でふれたマルチ・タスキングです。定額小作制によって農民に強い増産インセンティブを与えると，多年生の植物，その他の資産が増産のために酷使されて農場経営者・地主が損害を被る可能性があります。第二は農民が負担するリスクです。生産量を決めるのは農民の努力水準だけでなく，天候等，農民がコントロールできない要因も生産に大きな影響を与えます。定額小作契約では，これらの外的な要因によるリスクをすべて農民が負担することになります。

　農民が地主や経営者に比べて貧しいとすると，農民はリスクの点では，定額小作契約を望まないと考えられます。そのため，農民に定額小作契約を受け入れさせるためには，地主は小作料を低く設定する必要があります。これら2つの事情を考慮すると，定額小作契約が賃金契約に比べて経営者ないし地主にとって必ずしも有利とはいえません。

　そして，リスクとマルチ・タスキングを考慮に入れた場合，第三の契約形態が選択される可能性があります。図7.4(c)に表現されている，シェア小作契約と呼ばれる形態がそれです。シェア小作契約は，生産量の一定割合を

地代として地主に支払うという契約で，賃金契約と定額小作契約の中間に位置します。すなわち，一方では小作人が努力水準を上げても，それによる増産分の一定割合（1－小作料率）しか小作人の取り分に反映されません。しかし他方では，外的要因によって生産が変動した場合のリスクを，小作人だけでなく地主も一部負担します。すなわちリスクが地主と小作人の間で分担されるわけです。

○ 14世紀北イタリアにおける小作契約選択

このような契約理論の枠組みを用いて，現実の小作契約の選択について分析した研究は数多くあります。現代の発展途上国に関する実証研究だけでなく，小作契約についての経済史研究も多く行われてきました。ダニエル・アッカーバーグ（Ackerberg, A. D.）とマリステラ・ボッティチーニ（Botticini, M.）による14世紀イタリアの小作契約選択に関する論文は，後者の代表的なものの一つです[6]。この論文の中で，彼らはシェア小作と定額小作という2つの契約形態の間における選択について分析しています。北および中央イタリアでは14世紀までにシェア小作が支配的な小作契約形態となり，その後数世紀間この状態が持続しました。中世末期から1700年前後までのフランスでもシェア小作が一般的でした。しかし，ヨーロッパの他の地域では定額小作が一般的でした。戦前の日本でも定額小作が一般的で，シェア小作は岩手県などの限られた地域でのみ見られました。

なぜ，中世後期のイタリアと近世初期のフランスでシェア小作が普及したのでしょうか。上に示唆したように，2つの理論的な仮説が考えられます。リスク分担とマルチ・タスキングです。アッカーバーグ等は，15世紀フィレンツェに関する個別の地主，個別の小作人に関するデータを用いて，これ

---

6) Daniel A. Ackerberg and Maristella Botticini, "The Choice of Agrarian Contracts in Early Renaissance Tuscany: Risk Sharing, Moral Hazard or Capital Market Imperfection?" *Explorations in Economic History*, 37 : 241-57, 2000.

らの仮説の妥当性を検証しました。用いられたデータはたいへん詳細なものです。1427年に，フィレンツエの都市政府は，財政収入を確保する目的で6万人いた市民の資産に関するセンサス調査を実施しました。調査項目には，家，土地，家畜，作物の種類，過去3年の平均収量，債権・債務，パートナーシップにおける持ち分，職業，家族構成，土地の使用形態（自作，定額小作，シェア小作），小作人への家畜・種子・信用供与の有無が含まれます。小作契約選択の分析に用いる歴史的データとしては願ってもないものといえるでしょう。アッカーバーグ等は，ペシアとサン・ジミニャーノという2つの町に関するデータを使用しています。これら2つの町からまず185人の地主をサンプルとして取り出し，そこからさらに対応する小作人を同定することができる111人の地主が取り出されました。これら111人の地主は652区画の耕地を小作に出しており，うち61%がシェア小作，39%が定額小作でした。

仮説検証の考え方は次の通りです。リスク・シェアリング仮説からは次の2つの予想が導かれます。第一に，リスク回避的な小作人ほどシェア小作を選択する確率が高くなります。したがって，資産が少ない小作人ほどシェア小作を選択する確率が高いと予想されます。第二に，収量変動の大きい作物を作付けしている耕地ほどシェア小作を選択する確率が高くなります。一方，この地方で多く作られていたぶどうは，天候によって収量を左右されやすい性質を持っているため，ぶどうを作付けしている耕地ほどシェア小作を選択する確率が高いと予想されます。他方，マルチ・タスキング仮説からは，多年生の作物を作付けしている場合，地主が家畜を提供する場合に，シェア小作が選択される確率が高いという予想が導かれます。ぶどうは多年生作物なので，作物の種類と契約選択の関係に関する予想は，リスク・シェアリング仮説とマルチ・タスキング仮説の間で一致することになります。

マルチ・タスキング仮説は広い意味ではモラル・ハザードに関する仮説といえます。観察しやすい仕事に強力なインセンティブを与えると，他の仕事に関する小作人のモラル・ハザードを悪化させるという仮説だからです。広

表7.2　14世紀北イタリアにおける小作契約選択

被説明変数：定額小作契約の場合を1とするダミー変数	
推定法：Probit	
作物構成	−1.70　(0.21)
非農業地主	−0.13　(0.25)
女性地主	−0.38　(0.45)
地主の男性家族数	0.12　(0.11)
地主の女性家族数	−0.23　(0.15)
小作人の資産	0.0005 (0.001)
小作人の男性家族数	−0.19　(0.14)
小作人の女性家族数	0.28　(0.14)
地主による家畜提供	−1.35　(0.37)
耕地の位置	−1.24　(0.27)
定数項	1.50　(0.37)
対数尤度	−128.22
観測数	652

（注）（　）内は標準誤差。
（出所）Ackerberg and Botticini, op. cit.

い意味でのモラル・ハザード仮説からは，もう一つ，地主の監視能力が大きい場合，定額小作が選択される確率が低いという予想が導かれます。監視能力が大きければ，定額小作によって強いインセンティブを与える必要が小さいからです。したがって，地主が農業以外の職業を持っている，ないし地主が女性である場合は，監視能力が小さく，定額小作が選択される確率が高いと予想されます。逆に，地主に家族が多く，監視能力が大きい場合は，定額小作が選択される確率が低いと予想されます。

　表7.2は，定額小作が選択された場合を1，シェア小作が選択された場合を0とするダミー変数を被説明変数とした回帰分析の結果を示しています。被説明変数が0と1という2つの値の選択であるため，推定はprobitという方法で行われています。作物構成は1年生作物の場合0，多年生作物の場合2，両者の混合の場合1となる変数です。非農業地主は地主の職業が非農

業の場合に1となるダミー変数，女性地主は，地主が女性の場合1となるダミー変数です。小作人の資産は貨幣で測った資産額です。地主による家畜提供は小作人が家畜を所有する場合に1となるダミー変数，耕地の位置は耕地がサン・ジミニャーノにある場合に1となるダミー変数です。

　マルチ・タスキング仮説から導かれる予想は，棄却されません。第一に多年生作物を作付けしている場合は定額小作の確率が有意に低いという関係があります。ただしこの予想はリスク・シェアリング仮説からも導くことができます。第二に地主が自分の所有する家畜を小作人に提供する場合は，定額小作の確率が有意に低いという関係があります。一方，監視能力に関する仮説に関係する変数はいずれも有意になっていません。また，リスク・シェアリング仮説に固有な小作人の資産の係数も有意ではありません。以上の結果は，15世紀フィレンツエの小作契約選択の説明に，リスク・シェアリング仮説は有効でなく，マルチ・タスキング仮説が有効であることを示しています。

7.3　問屋制

○　問屋制の仕組み

　地主制においては，地主が土地という農業生産に必要な資産を小作人に貸して，小作人は自主的に働いて作物の一部を地主に支払いました。工業においてもこれに類似した生産の組織の仕方があります。問屋制と呼ばれる生産組織です。問屋制においては，問屋，すなわち商人が，生産者に原料を貸与し，何を作るかについて指示を与えます。生産者は指示に従って自分の作業場で生産し，製品は問屋が回収します。すなわち，原料と製品に関する所有権は一貫して問屋が持っており，問屋は生産サービスに対する対価として工

賃を支払います。生産に必要な道具類は，問屋が貸与する場合と生産者が自分の道具を使う場合があります。

　問屋制の歴史に関する古典的な文献としてデービッド・ランデスの『西ヨーロッパ工業史』第2章があります[7]。ランデスは，イギリスについて，産業革命によって形成された工場制に先立つ生産組織として，問屋制について記述しています。問屋制は，13世紀に，独立した手工業者がその独立性を失って問屋の管理下に入ったことによって生まれたとされています。この生産組織の変化は，製品市場の転換によって起こりました。製品の販売先が地元の顧客から遠隔地の市場に広がったとき，手工業者たちは市場の変動に対応することができなくなりました。第一に，彼らは需要の増減に対応するための資金調達能力がなく，第二に，売れ筋の製品を見極めて製品を適応させる能力もありませんでした。そしてこれらの能力を持っていたのは都市の商人でした。都市の商人は，問屋制によって農村の手工業者を組織し，そのことを通じて，農村の安い労働力を利用しました。農村には，特に農閑期に，多くの余剰労働力があったためです。

　ランデスは，前章でふれたように，問屋制のコストについても強調しています。すなわち，「商人によって提供された原料のうちある部分を，生産者が自分自身のための使用や再販売を目的として取り除いておくという方法で収入を補う手管を早々と身に付けたということも同様に明白である。そのような横領行為は，通常，完成品を犠牲にするというかたちで行われた。つまり，糸は重さをごまかすようにして作られ，布は透明度の基準を超えるほど引き伸ばされた」というわけです。この原料詐取を，ランデスは「問屋制固有の摩擦」と呼び，ウィリアムソンはそれを取引コストと捉えました。

　このようなことが起こるのは，問屋制においては，生産過程と原料の管理が，生産者に委ねられ，別の場所にいる問屋はそれを有効に監視することができないためです。18世紀になって，毛織物需要の増加のため労働力が不

7）デービット・ランデス『西ヨーロッパ工業史――産業革命とその後，1750-1968』1，石坂昭雄・冨岡庄一訳，みすず書房，1980年。

足してくると，この「摩擦」が大きくなりました。これに対して，詐取されたことが疑われる原料を捜査して差し押さえる権限が問屋と治安判事に与えられました。原料に関する挙証責任が原料を保持している者が負い，原料詐取に対する刑事罰が強化されました。しかし，それでも原料詐取はなくならず，詐取された羊毛や毛糸の組織的な闇市場が存在するほどであったとされています。同様の記述は，アシュトンの『産業革命』にも見られます。

○ 問屋制の適応

　イギリスの毛織物工業については，ランデスが書いているように問屋制は18世紀に姿を消しましたが，一般的には問屋制はより長く生き残りました。一例を挙げると，アグネテ・ラーショウ-ニールセン（Raaschou-Nielsen, A.）は，デンマークの工業で，問屋制が20世紀初めまで機能していたことを明らかにしました[8]。ラーショウ・ニールセンは取引コストの概念を受け入れますが，問屋制に固有の取引コストがあるという見方に批判的で，問屋制の枠内でもさまざまな適応によって取引コストの節約が可能である点を強調しています。まず指摘されているのは，工業労働者のうち家庭で働く者の比率が19世紀末から20世紀初めにかけて比較的安定していたという，工業センサスのデータです（表7.3）。

　家内労働者の比率は，工業全体で，1897年に8.7％。1906年に8.6％でした。必ずしも高い比率ではありませんが，低下はしていません。また，産業によって比率が大きく異なり，衣料品工業では約1/3の労働者が家庭内で働いていました。第二に，家内労働者数の動きが都市と農村で異なっていたことが指摘されています。農村では18世紀中頃から19世紀初めにかけて問屋制が普及していましたが，19世紀中頃以降，衰退し，20世紀初めにはほぼ姿を消しました。他方，都市，特に首都コペンハーゲンでは，問屋制が存

---

8) Agnete Raaschou-Nielsen, "The Organizational History of the Firm : The Putting-Out System in Denmark around 1900," *Scandinavian Economic History Review*, 41(1) : 3-17, 1993.

表 7.3　デンマークの工業における家内労働者の比率

(%)

	1897年	1906年	1914年
全工業	8.7	8.6	6.9
男性注文服	37	47	50
女性注文服	43	38	44
靴下	66	59	52
葉巻	10	12	13
手袋	69	66	58
靴	15	16	12
電気メッキ	43	40	27
リボン	11	2	55

(注)　各産業の労働者総数に対する比率。
(出所)　Raaschou-Nielsen, op. cit.

7.3 問屋制

続しました。第三に，都市の問屋制を後進的な生産組織の残存と見るのは適当ではないとされます。問屋制が，たばこや靴下製造などの新しい成長産業でも広く見られたためです。

　なぜ，都市で問屋制が20世紀まで機能し続けたのでしょうか。前提となったのは，都市に賃金の低い労働力が存在したことです。一つのグループは女性，具体的には男性労働者の妻と独身女性です。彼女たちは家事を行う必要上，家庭内で働くことを選好し，そのために低い賃金を受け入れる用意がありました。二番目のグループは衰退しつつある職種の貧しい男性労働者でした。しかし，賃金が低くても，取引コストが高ければ，結局コストの合計は高くなってしまいます。コペンハーゲン周辺の工業では，どのようにして問屋制にともなう取引コストを削減していたのでしょうか。ラーショウ-ニールセンは，工程の標準化が原料の管理を容易にし，取引コストを節約したとしています。衣料品工業や製靴工業の場合，原料はあらかじめ問屋側で切

断しておき，家内工業者はそれを縫製する工程だけを分担するようになりました。この工夫は，家内工業者による原料詐取を難しくしました。このように，デンマークでは，生産の組織の仕方を工夫することによって，問屋制の枠内で取引コストが節約され，その結果，問屋制が20世紀初めまで存続したというわけです。

理解と思考のための問題

7.1 Frederick Douglass, *Narratives of the Life of the Frederick Douglass*（New York：New American Library, 1968）は，アメリカ南部の奴隷として生まれた人の証言です。これを読んで当事者の目から見た奴隷制について学んで下さい。

7.2 Yasukichi Yasuba, "The Profitability and Viability of Plantation Slavery in the United States"(*The Economic Studies Quarterly*, 12（3）：60-7, 1961）を読んで，奴隷制の収益性に関する分析について理解を深めて下さい。

7.3 ホルムストロムとミルグロムのマルチタスク契約に関する論文（本文脚注5参照）を読んで，複数の仕事がある場合のインセンティブの設計について学んで下さい。

7.4 猪俣津南雄『窮乏の農村――踏査報告』（岩波文庫，1982年）を手がかりに，戦前日本の地主制について考えてみましょう。

7.5 斎藤修・阿部武司「賃機から力織機工場へ――明治後期における綿織物業の場合」（南亮進・清川雪彦編『日本の工業化と技術発展』東洋経済新報社，1987年）を読んで，日本の問屋制の歴史を，本文で述べた20世紀デンマークの問屋制のそれと比較して下さい。

第8章

金融取引と制度

　一般に，金融システムには財・サービスの交換を効率化し，人々の間での資金の流れを仲介するという2つの役割があります。このような役割が実際に果たされているとすれば，金融システムが発達している国ほど経済活動が活発で成長率が高いという関係があると期待されます。このような観点から，主にクロスカントリー・データを用いた多くの実証研究が行われ，金融システムが発達している国ほど経済成長率が高いという関係が確認されています。

　金融システムによって資金の流れが適切に仲介されるためには，資金の出し手と受け手の間における情報の非対称性に起因する問題，逆選択とモラル・ハザードが解決される必要があります。この章では，銀行と株式市場のそれぞれについて，歴史上に見られた金融取引をガバナンスする仕組みを取り上げます。（裏面に続く）

銀行については，銀行関係者の企業に集中的に融資が行われるという現象，関係融資がさまざまな時代のさまざまな地域で見られます。関係融資は，情報の非対称性を克服するうえで有用な場合がありますが，他方で銀行の支配的な株主と預金者，少数株主の利害対立の原因ともなります。前者のケースとして19世紀ニューイングランドの銀行，後者のケースとして1920年代の日本のケースが挙げられます。

株式市場については，投資家と企業の経営者や支配的株主との間の情報の非対称性が解決される必要があります。アメリカでは19世紀末以降に株主の数と多様性が増大したため，情報伝達速度が低下し，株式市場の効率性が損なわれました。大恐慌期に導入された企業のディスクロージャーに関する公的規制はこの問題を緩和する役割を果たしました。公的規制と並んで，アメリカ株式市場における投資家と企業の間における情報の非対称性を緩和した仕組みとして大規模な投資銀行の役割があります。ブラッドフォード・デロングは，投資銀行 J.P. モルガンの取締役会への参加が企業価値を向上させたことを示しました。

○ KEY WORDS ○
情報の非対称性，関係融資，機関銀行，
効率的市場仮説，
企業統治（コーポレート・ガバナンス），
投資銀行

8.1 金融システムの歴史

○ 初期の金融システム

　金融システムには，大きく分けて，人々の間での交換を媒介する手段を提供する，人々の間での資金の流れを仲介する，という2つの機能があります。これらの機能を担う仕組みは，古代から徐々に発達して今日に至っています。フランクリン・アレン（Allen, F.）とダグラス・ゲール（Gale, D.）は，金融システムの発展過程を3つの段階に整理して記述しています[1]。

　第一段階は13世紀ごろまでで，この時期は金融取引のための手段は貴金属と貴金属貨幣に限られていました。貴金属や貴金属貨幣は，紙幣や預金通貨に比べると利便性は劣りますが，貨幣がない状態と比較すれば交換の効率性は大幅に高くなります。物々交換の場合は，自分が欲しい物を持っていて，かつその人は自分の持っているものを欲しいと思っている，という人を見いださなければ交換が成立しません。物々交換がこのような「欲望の二重の一致」を必要とするのに対して，貨幣があれば，まず自分が持っている物を貨幣に換え，その貨幣で自分の欲しい物を買うことができます。第5章で述べたように，紀元前7世紀ごろから地中海沿岸で金属貨幣が用いられるようになりました。

　第一段階の金融機関としては両替商，貸金業者，銀行があります。地中海世界では，金属の種類を含めて，さまざまな種類の貨幣が用いられたため，それらを評価し，交換する両替商が大きな役割を果たしました。貸金業者は自己資金を融資する人々で，寺院，地主，商人などさまざまな主体がその役割を担っていました。ローマ帝国の下では，預金を預かって，貸出を行う金

---

[1] 以下，Franklin Allen and Douglas Gale, *Comparing Financial Systems*, Cambridge MA : The MIT Press, 2000, chapter 2 による。

融機関，銀行が現れました。しかし，これら金融機関の融資の目的は，消費，農業，海上貿易等に限定されていました。

　金融システム発展の第二段階は14世紀以降とされています。これは第4章で述べた「商業の復活」の結果と見ることができます。この段階を特徴づける現象の一つに為替手形の使用があります。為替手形は，将来貨幣を支払うことを約束した文書ですが，これによって購入した財の代金を支払うことが行われるようになりました。そして為替手形の使用は，銀行の役割を拡張しました。すなわち，銀行は為替手形を受け取った商人からそれを買い取って，支払期日に手形を振りだした商人から貨幣を取り立てる機能を持つようになりました。手形の買い取り（割引）から取立までの期間，銀行は手形を受け取った商人に代わって手形を振り出した商人に信用を与えることになります。銀行は特に，地中海貿易圏の中心であった北イタリアの諸都市で発達しました。また，政府や一部の会社が証券を発行するようになりました。しかし，これらの証券の組織的な市場はなく，非公式に取引されるにとどまっていました。

　18世紀初めまでに，金融システムは第三の段階に到達したとされます。新しい段階を特徴づける点は，第一に，組織された金融市場が形成されたことです。1608年にオランダのアムステルダム取引所の建物が独立しましたが，同取引所では，商品と並んで株式を含む証券も取引されました。当時，取引された株式は東インド会社と西インド会社のものでした。第二の特徴は，政府の金融システムへ関与が増大したことです。この点に関する革新もまずオランダで生じました。1609年，公的銀行としてアムステルダム銀行が設立されました。一定金額以上の為替手形の決済は，アムステルダム銀行に個々の商人たちが置いている勘定で行うことが義務づけられました。同銀行は現代の手形交換所と同じ機能を果たし，決済の効率化に寄与しました。次いで1668年にスウェーデンで，政府がスウェーデン銀行を買収したことによって，世界で最初の中央銀行が生まれました。

○「市場型システム」と「銀行型システム」の分化

　こうして現れた金融システムが，18世紀初めに起こったバブルをきっかけとして，2つのタイプに分岐した発展経路をたどったというのがアレン等の見方です。2つのタイプというのは「市場型システム」と「銀行型システム」と彼らが呼んでいるものです。市場型システムというのは，企業金融が主に証券市場を通じて行われ，これに対応して主な企業統治メカニズムが証券市場における敵対的買収であるような金融システムを指します。一方，銀行型システムというのは，企業金融が主に銀行を通じて行われ，対応して主な企業統治メカニズムが銀行による監視と介入であるようなシステムを指します。彼らはアメリカとイギリスを前者，ドイツ，フランス，日本を後者に分類しています。2タイプの金融システムの形成過程に関するアレン等の説明を，イギリスとフランスについて見ると次の通りです。

　イギリスでは1711年に南大西洋での貿易を目的とした南海会社という企業が設立されました。1720年に，この会社の株式が激しい投機の対象となり，株価は7倍以上に上昇しました。「バブル」という言葉の語源となった「南海バブル」です。バブルの崩壊を防ぐ目的で，株式会社の設立を議会の許可制とするバブル条例がこの年に制定されました。バブル条例は1825年まで存続し，この間，株式会社の設立は強い制約を受けました。1720-1825年という条例の存続期間からわかるように，イギリスの産業革命は，基本的に株式会社制度に依存することなく生じたことになります。おそらくこれは，第6章で述べた，産業革命期の経済成長が緩やかであったことと無関係ではないでしょう。

　株式会社の設立が制限されたため，ロンドンの証券市場で取引される株式は，イングランド銀行，南海会社，東インド会社などごく限られた会社のものでした。しかし，その一方で，18世紀にロンドンの証券市場における国債取引が著しく発展しました。この時期，イギリスは多くの戦争を経験し，戦費調達のために多額の国債が発行されました。ロンドンの証券市場は，国

債取引を通じて証券の発行・流通機能を拡張したといえます。この発展をふまえて1802年にロンドン株式取引所が設立されました。株式取引所といっても，当初は国債取引が中心でしたが，1825年にバブル条例が廃止されると，株式会社の増加に応じて，株式の取引が増加しました。すなわち，イギリスでは国債の大量発行をきっかけとしてまず証券市場が整備され，次いで整備された市場を利用して株式取引が拡大したといえます。

　南海バブルと同じ年に，フランスでもバブルが発生しました。いわゆるミシシッピ・バブルです。1716年にスコットランド人のジョン・ローという人物がフランス政府の許可を得て銀行を設立し，その銀行は2回の合併を経て1718年にミシシッピ会社に再編されました。ミシシッピ会社の株式は投機の対象となり，そしてバブルが崩壊しました。バブル崩壊後，株式市場を規制するために公的な取引所が設けられましたが，フランス革命の結果，取引所は閉鎖され，広く株式を公開した株式会社は抑圧されました。その後，取引所は再開されましたが，19世紀と20世紀を通じて証券市場の規模は小さく，機能も発達しませんでした。他方，銀行については19世紀半ばに革新が起こりました。第二帝政の下で，クレディ・モビリエと呼ばれる銀行が設立され，長期の産業金融を行ったことがそれです。このクレディ・モビリエの機能が，ガーシェンクロンが強調した，ドイツにおける銀行による産業金融の原型となりました（第3章を参照）。

8.2 金融システムと経済発展

○ 銀行と経済発展

　この章のはじめに述べたように，金融システムに，財・サービスの交換を効率化し，資金の流れを仲介する機能があるとすると，発達した金融システムを持つ国や地域ほど，他の事情が同じであれば，経済活動が活発であると考えられます。より詳しく言えば，発達した金融システムは，より正しく投資プロジェクト，企業，産業等を選別して資金を配分することによって，経済の規模を拡大し，長期的な成長フロンティアを引き上げると考えられます。このような予想はデータによって裏付けることができるでしょうか。この問題に取り組んだ古典的な文献として，レイモンド・ゴールドスミス（Goldsmith, R. W.）の研究があります。

　ゴールドスミスは1969年の著書の中で，36の国について，1860-1963年の金融機関保有資産，GNP，1人当たりGNPのデータを集め，金融機関保有資産/GNPと1人当たりGNPの間に正相関があること，および，これら2変数の成長率の間にも正相関があることを見いだしました。金融機関保有資産/GNPは金融システムの発達度と見ることができるので，金融システムの発達度が所得水準および経済成長率と正に相関しているということになります[2]。

　ロバート・キング（King, R. G.）とロス・レバイン（Levine, R.）は，1980年代以降における経済成長理論と経済成長に関する実証研究の発展をふまえ，ゴールドスミスの取り組んだ問題を，より体系的なデータと適切な方法によって分析しました[3]。第2章で宗教と制度の役割を示すために用い

---

[2] Raymond W. Goldsmith, *Financial Structure and Development*, New Haven : Yale University Press, 1969.

[3] Robert G. King and Ross Levine, "Finance, Entrepreneurship and Growth : Theory and Evidence," *Journal of Monetary Economics*, 32 : 513-42, 1993.

表8.1　金融システムと経済成長 I

被説明変数：1人当たり実質 GDP 成長率（1960-89年）	
定数項	0.04 (0.007)
1人当たり実質 GDP 対数値（1960年）	−0.013 (0.003)
中等教育就学率（1960年）	0.011 (0.002)
自由指標	0.001 (0.001)
革命数	−0.006 (0.008)
暗殺数	−0.001 (0.003)
流動的金融資産/GDP（1960年）	0.028 (0.007)
R^2	0.55
観測数	63

(注)　（　）内は標準誤差。
(出所)　King ang Levine, op. cit.

た経済成長率に関するクロスカントリー回帰の枠組みに，宗教変数，制度変数の代わりに金融システムの発達度を示す変数を加えるという方法です。具体的には次のような回帰分析を行っています。63カ国について，1960年における金融システムの発達度を，個人が保有する流動的金融資産額/GDPで測ります。経済成長率を決定する他の説明変数として，1960年の1人当たり実質 GDP，中等教育就学率と政治的な成熟度，安定度を示す変数を用います。これらの説明変数に，1960-89年の1人当たり実質 GDP 成長率を回帰した結果が表8.1です。

　中等教育就学率は経済成長率に有意に正の影響を与えており，初期時点の1人当たり GDP は，有意な負の影響を与えているという標準的な結果が確認できます。ここで注目している金融システム変数の係数は，有意に正となっています。すなわち，金融システムが発達している国ほど，他の標準的な要因をコントロールした場合，経済成長率が高いという結果です。ここでは，金融システム変数に1960年のデータを用い，経済成長率を1960-89年につ

いて測っていますから，経済成長率の高い国で金融システムが発達するという逆の因果関係は，一応排除されています。これらの結果から，キングとレバインは，金融システムの発達が経済成長率の決定要因であるという結論を引き出しました。

○ 株式市場と経済発展

キングとレバインの分析は，金融システムのうち，銀行による金融仲介に焦点を当てたものでした。これをふまえてレバインは，サラ・ゼルボス (Zervos, S.) とともに，銀行による金融仲介の発達と株式市場の発達を区別したうえ，それぞれを示す変数をともに用いてクロスカントリー回帰を行っています[4]。

銀行による金融仲介の発達度に関する変数としては銀行の民間貸出/GDPを用います。一方，株式市場の発達度については，規模，流動性，国際的統合度，変動性に関する4つの指標を作成しました。ここでは，株式市場の規模と統合度に関する結果を紹介します。

規模は上場株式時価総額/GDPで測ります。流動性は上場株式売買金額/上場株式時価総額ないし上場株式売買金額/GDPで測ります。これらの金融システムの発達度に関する変数は初期時点，1976年のデータを用います。このほか，1976年の1人当たり実質GDP，中等教育就学率，政府経常支出/GDP，インフレ率，為替レートの闇市場におけるプレミアム，および1976-93年の革命とクーデターの件数を加えます。

被説明変数は，いずれも1976-93年の1人当たり実質GDP成長率，1人当たり実質資本ストック成長率，総要素生産性成長率を用いています。観測数はデータの利用可能性によって異なりますが30-40カ国です。主な結果は表8.2(a), (b)の通りです。いずれの式も金融システムの発達度以外の説

---

[4] Ross Levine and Sara Zervos, "Stock Markets, Banks and Economic Growth," *The American Economic Review*, 88(3): 537-58, 1998.

表8.2 金融システムと経済成長Ⅱ

(a) 銀行信用と上場株式売買金額

	被説明変数		
	1人当たり実質GDP成長率 (1976-93年)	1人当たり実質資本ストック成長率 (1976-93年)	総要素生産性成長率 (1976-93年)
銀行信用/GDP (1976年)	0.0146	0.0148	0.0125
	(0.0056)	(0.0061)	(0.0047)
株式売買金額/GDP (1976年)	0.0954	0.0927	0.0736
	(0.0315)	(0.0324)	(0.0220)
R^2	0.4655	0.5224	0.3726
観測数	43	42	42

(b) 銀行信用と上場株式時価総額

	被説明変数		
	1人当たり実質GDP成長率 (1976-93年)	1人当たり実質資本ストック成長率 (1976-93年)	総要素生産性成長率 (1976-93年)
銀行信用/GDP (1976年)	0.0089	0.009	0.0094
	(0.0061)	(0.0078)	(0.0050)
株式時価総額/GDP (1976年)	0.023	0.0207	0.0135
	(0.0065)	(0.0081)	(0.0050)
R^2	0.4577	0.3754	0.3423
観測数	45	44	44

(注) 本文に示した他の説明変数を含むが報告されていない。( )内は標準誤差。
(出所) Levie and Zervos, op. cit.

明変数を含みますが，報告が省略されている点に注意して下さい。

表8.2(a)は上場株式売買高/GDPで測った株式市場の流動性を説明変数に用いた場合です。経済成長率，資本ストック増加率，総要素生産性増加率のいずれについても銀行による金融仲介の係数は有意に正となっており，同時に株式市場の流動性の係数も有意に正となっています。

表 8.2(b) は株式市場の発達度に関する指標として，その規模（上場株式時価総額/GDP）を用いた場合です。株式市場の規模の係数も有意に正となっています。ただし，レバイン等は，この結果は少数の国のデータから大きな影響を受けているため，頑健ではないと述べています。

以上から，株式市場の発達は，銀行の発達とともに，経済成長，資本蓄積，技術進歩を促進する効果がある，株式市場の発達という場合，その規模ではなく流動性が重要である，という2つの結論を導くことができます。

8.3 「関係融資」の光と影

○ 金融取引のガバナンス

前項で金融システムの発達が経済成長を促進するという関係についての研究を紹介しました。そして，この関係に関する予想は，発達した金融システムは，より正しく投資プロジェクト，企業，金融等を選別して資金を配分するという推論から導かれました。この推論が妥当であるためには，銀行や株式市場が，そのような選別を適切に行う能力とインセンティブを備えている必要があります。以下の2つの項では，銀行と株式市場のそれぞれについて，この論点に関係するトピックを取り上げます。

金融システムを有効に機能させるために必要な条件として，資金の供給者と需要者における間の情報の非対称性に起因する問題を解決することがあります。すなわち，第一に，金融取引契約を結ぶ前に，資金供給者が資金需要者の質について情報を持たない場合，資金供給の際の条件は平均的な質の資金需要者を想定したものとならざるを得ません。その条件は良質な資金需要者にとっては有利でないため，彼らは市場から出て行ってしまい，最終的には市場自体が存在しなくなってしまうことになります。これが逆選択（adverse selection）という問題です。第二に，金融取引契約を結んだ後に，資金供給者が資金需要者の行動を観察できない場合，資金需要者は資金供給者にとって不利益な行動をとる可能性があります。これがモラル・ハザード（moral hazard）という問題です。契約一般に妥当することですが，金融取引契約についても，これらの問題が適切に解決される必要があります。

　銀行という組織自体，これらの問題への対処をその目的の一つとしています。資金に余裕がある個人が借り手の質を調べたり，融資後の借り手の行動を監視したりすることは不可能に近いと思います。そこで，個人は銀行に預金という形で資金を預け，銀行がその専門スタッフを使って集中的に借り手の選別と監視を行っているわけです。しかし，1990年代の日本で明らかになったように，銀行でも借り手の選別と監視を有効に行うことは容易ではありません。銀行と借り手の間における情報の非対称性を緩和するための方法に，銀行が特別な関係を持っている借り手を選んで融資をするというものがあります。この方法は歴史上もしばしば観察されます。以下では，銀行関係者への融資が有効に機能したとされるケースと，それが金融危機の原因となったケースについて紹介します。

○ 19世紀ニューイングランドの銀行システム

　ナオミ・ラモローは，19世紀のアメリカ・ニューイングランドにおいて，銀行の業務が血縁的ネットワークを基盤としていたことを強調しました[5]。もっとも，最初からニューイングランドの銀行が血縁ベースであったわけではありません。1784年に最初の銀行としてマサチューセッツ銀行が認可を得た際，その設立の目的に地域コミュニティーの融資や貯蓄の需要に応えることが掲げられました。また，実際にも，株主は複数のグループに分かれており，相互的なチェック・アンド・バランスが機能して，特定のグループの

---

5) Naomi R. Lamoreaux, "Banks, Kinship, and Economic Development : The New England Case," *The Journal of Economic History*, 46(3)：647-67, 1986.

みに銀行の資源が集中することを防止していたとされます。

このような状況は19世紀初めにかけて銀行数が増加する過程で変化して行きました。まず銀行数の動きについて見ると、1784年に1行だったニューイングランドの銀行は1800年に17行、1810年には52行となりました。これにともなって、公共的な目的が重視されなくなり、銀行の内部者に融資が集中的に行われるケースが多くなりました。

ラモローはいくつかの例を挙げています。ナハント銀行では、1830年代に、頭取のヘンリー・ブリードに対する貸出が貸出総額の1/3〜1/2を占めていました。1840年代のポーツェット銀行では、割引手形の47%が、頭取のジェームズ・ローズと彼の関係会社宛のものに集中していました。また、ウェーク・フィールド銀行では、割引手形の54%を、取締役のサミュエル・ローダンとローダンの親戚のアイザック・ハザードに対するものが占めていました。こうした特徴が一般的であったことは、1836年にロード・アイランドの銀行監督当局が「銀行は相当程度まで、単に銀行取締役に資金を供給する機関となっている」と記していることから確認できます。ここで私が「機関」と訳した単語は "engines" ですが、後で述べるように、戦前日本で同様の役割を担った銀行が「機関銀行」と呼ばれたことを考えると、面白い一致だと思います。

なぜ、このように銀行融資が内部者に集中したのでしょうか。ラモローはその歴史的な理由として、ニューイングランドで17世紀から血縁に基づく金融的な結合関係が形成されていたことを挙げています。17世紀末に銀行という新しい仕組みが利用可能になったとき、これらの血縁的金融集団が、自分たちの利益をさらに追求するために、新しい仕組みを使ったというわけです。

17世紀における血縁的金融集団の役割は、リスクを分散しながら、事業のための資金を調達することにあったとされます。ある商人がある事業を計画した場合、自分で全額を出資するのではなく、血縁集団から出資を求めました。集団内でこうした出資を相互に行うことによってリスクを分散してい

たというわけです。しかし，このやり方には，資金が集団メンバーの蓄積の枠内にとどまる，関係の存続期間がメンバー個々人の寿命に制約されるという固有の問題がありました。そして，銀行の利用が，これらの問題を解決する役割を果たしました。

銀行設立は，一方で，血縁的ネットワークを法人化することによって，個人の寿命と集団の存続期間を切り離しました。他方で，銀行の設立によって，血縁的メンバー以外から資本金を調達することができるようになりました。この時期のニューイングランドの銀行はバランスシートの負債側に占める資本金の比率が非常に高く，例えば1835年のマサチューセッツ銀行の場合は，54%に達しました。他方，預金は21%にすぎませんでした。

資本金を外部から調達したことにより，株式所有における血縁的グループの比率は低下して行きました。代わって比率を上げたのは機関投資家，特に保険会社でした。しかし，血縁的グループは銀行の取締役会で支配的な地位を維持し，したがって銀行業務をコントロールし続けました。その理由の一つは，他の株主たちが銀行業務にあまり関心がなく，株主総会への出席率も低かったことです。もう一つには，血縁的集団が機関投資家の取締役会で支配的な地位にあったことです。その結果，外部株主の所有比率の増加にもかかわらず，融資の血縁的グループへの集中は続きました。例えば，前述したポーツェット銀行の場合，増資新株の外部への販売の結果，1840年代初めまでに，ローズ兄弟の所有費率が10-12%に低下しました。しかし，1842年12月時点で，ローズ兄弟は貸出の47%を占めていました。

○ 関係融資の健全性の条件

このような貸出構成であったとすると，当然，銀行の健全性が疑問となります。少数の融資先に貸出を集中していると，その融資先の破綻が銀行のバランスシートに大きな打撃を与えることになるからです。この疑問に対してラモローは，第一に血縁的集団の事業が多角化していた，第二に銀行の自己

資本費率が高かったため，預金者に損失を与えるリスクは低かったという点を挙げて答えています。

たしかに，これらの条件は，銀行倒産やそれによって金融システム全体が不安定になることの可能性を小さくしたと考えられます。しかし，支配的な血縁的集団と外部株主との間の利害対立の問題は残るはずです。外部株主にリスクの一部を負わせて，血縁的集団の利益が追求されているからです。銀行の企業統治の問題です。ラモローもこの点を意識して，19世紀前半に，株主の利益を保護する目的で，金融監督当局が役員の影響力や兼任を制限する規制を加えるようになったことを指摘しています。しかし，同時にこれらの規制があまり実効的でなかったこと，それにもかかわらず銀行への出資が活発に行われたことが強調されています。

それでは，以上のような銀行の企業統治構造と行動は，産業発展にとってどのような意味を持ったでしょうか。マイナス面としては，血縁集団以外の企業の金市場へのアクセスが制限されたことが考えられます。ラモローは，銀行設立が自由で，実際に多数の銀行が設立されていたことを挙げて，この可能性を棄却しています。他方，プラス面として，銀行を設立することによって，銀行に資本金として資金が集まり，その資金が産業化のために用いられたことが指摘されています。この論文の中では強調されていませんが，仮にこのようなプラス効果があったとすると，それは，血縁的集団が銀行と産業企業の双方に関係を持つことによって，両者間の情報の非対称性が解決ないし緩和されたことによると考えられます。

○ 関係融資と金融危機

興味深いことに，ラモローは論文の結論を一般化する際に，現代の発展途上国で，血縁集団が，高いリスクと組織的な市場の欠如を補う役割を果たしているケースを引用しています。現代の発展途上国でこのような現象が見られることは否定できないと思いますが，1990年代末のアジア金融危機以降，

発展途上国について，関係融資のマイナス面が強調されるようになってきました。代表的な研究は，ラファエル・ラポルタ（LaPorta, R.）等の論文です[6]。彼らは，1990年代のメキシコについて，銀行の支配的株主の関係事業に対する融資が高いウェイトを持っていること，関係融資には低い金利が設定されている一方，債務不履行が生じる確率が一般の融資より高いことを明らかにしました。このような現象が起こる理由を説明するためラポルタ等は，支配的株主の株式所有比率が産業企業の方が銀行より高いため，不況期に非関係融資の債務不履行が生じると，銀行への金利支払いによって支配的株主が負担する費用より，銀行の収益からの彼らの取り分が小さくなって，支配的株主が意図的に債務不履行を起こすというモデルを提示しています。

ラポルタ等が現代の発展途上国で見出した，産業企業と銀行の両方を支配するグループが産業企業の利益のために過大な融資をそれら企業に行い，銀行の少数株主と預金者に不利益を与えるという現象は，第二次世界大戦前の日本について重視されてきました。上にも述べたように，特定の産業企業のための資金調達の道具とされた銀行は，当時から「機関銀行」と呼ばれていましたが，加藤俊彦は，日本金融史の古典的な書物の中で，「機関銀行」を，戦前日本の金融システムを特徴づける基本的概念として提起しました[7]。

加藤の本の特徴は，機関銀行的な性格が戦前の日本の銀行に普遍的に見られたことを強調した点にあります。すなわち，「日本の普通銀行は大は巨大な財閥銀行から小は地方の零細規模の銀行にいたるまで機関銀行の性格を持っていた」と主張されています。そして，このような性格の銀行が多かったことが，第一次世界大戦後の日本における金融システムの不安定性の基本的原因であると考えられてきました。金融システムの不安定性を象徴する出来事が1927年の金融恐慌ですが，その直後に作成された日本銀行の報告書は「銀行の重役，役員が他の事業に関係を持っていて，また，自分が自ら投機

---

6) Rafael LaPorta, Florencio Lopez-De-Silanes and Guillermo Zamarripa, "Related Lending," *The Quarterly Journal of Economics*, 118(1): 231-68, 2003.

7) 加藤俊彦『本邦銀行史論』東京大学出版会，1957年。

を行い，その結果，その役員をしている銀行をその重役の投機または事業の金融機関としているということ」を金融恐慌の原因と認定しています。

○ 戦前日本の「機関銀行」

上に述べたように，加藤俊彦は機関銀行の戦前日本で普遍的であったことを強調しましたが，定量的な証拠を示しているわけではありません。戦前の日本について銀行と企業の関係を包括的に捉えるのは必ずしも容易ではありませんが，筆者と澤田充，横山和輝は，役員の兼任を通じて銀行と企業の関係を捉えることを試みています[8]。金融恐慌の直前にあたる 1926 年に日本には 1420 行の普通銀行がありました。そのうち，役員に関する情報が得られる 1007 行について見ると，836 行（83.0％）が非銀行企業との役員兼任関係を持っていました。1 人の銀行役員が，例えば 2 つの産業企業の取締役を兼ねている場合に，兼任数 2 と数えるとすると，兼任数の合計は 7,314 件，1 行当たり 7.26 件に達します（表 8.3）。

役員兼任関係は銀行経営にどのような影響を与えたでしょうか。表 8.4 は，銀行の利益率（ROE）を，役員兼任数（対数値）と，利益率に影響を与える他の説明変数に回帰した結果を示しています。一番左の欄が，すべての銀行サンプルを用いた場合です。役員兼任件数の係数は有意に負となっています。非金融企業との役員兼任関係は銀行の収益性にマイナスの影響を与えたことになります。ただし，こうした関係は銀行の規模によって相違がありました。銀行を資産規模によって，上位から 1/3 ずつの 3 グループに区分します。右側の 3 列はこのように区分した銀行規模別の回帰分析の結果です。銀行の利益データが損失の場合 0 となっていますので，推定は tobit という方法で行われています。これによると，小銀行，中銀行では役員兼任数の係

---

8) Tetsuji Okazaki, Michiru Sawada and Kazuki Yokoyama, "Measuring the Extent and Implications of Director Interlocking in the Pre-war Japanese Banking Industry," *The Journal of Economic History*, 65 (4): 1082-1115, 2005.

表 8.3 戦前日本における銀行・企業間の役員兼任関係（1926 年）

産業企業における地位	兼任役員を持つ銀行数	対全サンプル（1007 行）	兼任関係数	1 行当たり兼任関係数
計	836	83.0%	7,314	7.26
社長・会長	407	40.4%	962	0.96
執行役員	157	15.6%	205	0.20
取締役	753	74.8%	4,160	4.13
監査役	637	63.3%	1,987	1.97

（出所） Okazaki et al., op. cit.

数は有意に負ですが，大銀行では符号は負ですが有意になりません。また，係数の絶対値は規模が小さいほど大きい値となっています。以上から，役員兼任関係は銀行規模を問わず普遍的に見られたこと，機関銀行に関する文献が強調してきたように役員兼任関係は銀行経営にマイナスの影響を与えたこと，そのマイナスの影響は中小規模銀行に限られていたこと，がわかります。

19 世紀前半のニューイングランドの事例，1920 年代の日本の事例は，それぞれ銀行による関係融資のプラス面とマイナス面を示しています。同じく銀行の支配的株主や経営者の関係企業に融資を集中しながら，その含意が大きく異なっていたのはなぜでしょうか。その基本的な理由は，銀行の負債構造の相違にあったと考えられます。

ラモローが強調しているように，19 世紀前半におけるニューイングランドの銀行の自己資本比率は著しく高い水準にありました。これには 2 つの意味があります。第一に銀行財務のリスクを低下させること，第二に株主と預金者の間の利害対立を小さくすることです。日本の普通銀行の自己資本比率も，1910 年代初めまで，19 世紀前半のニューイングランドの銀行ほどではありませんが，高い水準にありました。すなわち，1894 年，1914 年における自己資本比率は，それぞれ，45.8%，26.0% でした。この状況を変えた

表 8.4 戦前日本における役員兼任関係と銀行の収益性（1926 年）

被説明変数：ROE 推定法：Tobit	銀行規模			
	全銀行	小規模銀行	中規模銀行	大規模銀行
兼任数（対数）	−1.057	−1.316	−1.099	−0.345
	(0.316)	(0.584)	(0.417)	(0.615)
資産（対数）	0.283	2.451	−1.0393	−0.3337
	(0.260)	(1.246)	(1.155)	(0.486)
南関東地区ダミー	−3.455	−4.9019	−2.2545	−2.4742
	(0.834)	(1.618)	(1.205)	(1.532)
上位 3 行の支店数シェア	0.0141	0.0806	−0.036	0.0059
	(0.022)	(0.051)	(0.029)	(0.036)
証券/資産	7.053	8.441	3.155	7.056
	(2.080)	(2.413)	(2.946)	(4.440)
預金/資本	0.688	1.619	0.819	0.554
	(0.152)	(0.549)	(0.208)	(0.198)
定数項	7.747	−24.748	28.805	16.626
	(3.434)	(16.695)	(16.693)	(7.234)
対数尤度	−3374.970	−1091.187	−1060.458	−1178.440
観測数	1007	335	336	336

（注）（ ）内は標準誤差。
（出所）表 8.3 を参照。

のが第一次世界大戦期の預金の急膨張です。その結果，普通銀行の自己資本比率は，1920 年には 17.4％ に低下しました。さらに，株式の分散も進みました（図 8.1）。

野村商店調査部『株式年鑑』の 1915 年版と 1921 年版の両方に株主数のデータが掲載されている普通銀行 14 行について見ると，1 行平均の株主数は 1914 年から 1920 年にかけて，1,307 人から 2,479 人に増加しました（表

図 8.1　普通銀行の預金銀行化

表 8.5　普通銀行株主数の増加

銀行名	1914 年	1920 年
三十四	2,036	5,695
第一	2,762	4,811
明治	1,698	3,597
近江	1,088	3,247
第三	1,420	3,202
三十八	87	2,466
豊国	2,198	2,054
愛知	779	2,005
帝国商業	2,677	2,003
百三十	1,470	1,873
四十三	1,021	1,743
明治商業	602	1,369
日本商業	453	640
平均	1,307	2,479

（資料）　野村商店調査部『株式年鑑』1915, 1921 年版。

8.5）。株式の分散は，株主内部における，支配的株主，少数株主間の利害対立の原因となります。1920年代の日本で機関銀行が引き起こしたさまざまな問題は，銀行の自己資本比率低下，株主層の拡大に示される，銀行に関するエージェンシー関係の変化が引き起こしたものと見ることができます。

8.4　資本市場の発達と資本取引のガバナンス

○ 株式市場の効率性と公的規制

　8.1 でふれたように，アメリカは「市場型金融システム」を持つ典型的な国と考えられています。一方，前項で述べたように，19世紀前半，少なくともニューイングランドでは銀行による関係者への融資が企業金融において重要な役割を果たしていました。アメリカで，株式市場が発達したのは南北戦争後，特に19世紀末以降のことです。19世紀末以降，株式市場で株式が取り引きされる企業の数，それら企業の産業の多様性が急速に増大しました。しかし，市場の拡大は，その市場が効率的に機能していたことをただちに意味するわけではありません。株式市場の効率性に関しては標準的な概念とテストの仕方が確立されています。ケネス・スノウデン（Snowden, K. A.）は，これに基づいて，1870年代から1920年代にかけてのアメリカ株式市場の効率性をテストしました[9]。

　株式市場が効率的であるという場合，それは，個別企業の投資プロジェクトの将来収益に関して，現在利用可能なすべての情報がその企業の株価に反映されていることを意味します。市場の効率性に関する標準的な表現の仕方として，合理的期待に基づく株価の配当割引モデルがあり，スノウデンはこ

---

[9] Kenneth A. Snowden, "American Stock Market Development and Performance, 1871-1929," *Explorations in Economic History*, 24：327-53, 1987.

れを用いています．すなわち，t 時点の株価を P_t とするとそれは次のように決まるというモデルです．

$$P_t = \sum_{i=0}^{\infty} \frac{E_t(D_{t+i})}{(1+r)^i} \quad (8.1)$$

さらに，① 将来の配当（D_{t+i}）に関する投資家の期待は，時点 t において利用可能な情報の最適な線形予想になっている，② 均衡において割引率は一定の値（r）になることが仮定されます．E_t は期待値を表すオペレーター（演算子）です．この効率的市場仮説から，株式投資収益率に関して，実証的にテスト可能な含意を引き出すことができます．すなわち，時点 t における株式投資収益率，

$$R_t = \frac{P_{t+1} - P_t + D_t}{P_t} \quad (8.2)$$

について，

$$R_t = r + u_t \quad (8.3)$$

となります．u_t は期待値が0で，かつ系列相関がないという性質を持つ誤差項（ホワイト・ノイズ）です．(8.3) 式が成り立つ場合，株式投資の超過収益率 $\left(Z_t = R_t - \frac{1}{n}\sum_{i=1}^{n} R_i\right)$ は系列相関を持ちません．そこで，超過収益率の時系列データを構築して，その系列相関の有無を調べることによって，効率的市場仮説をテストすることができます．スノウデンは，ニューヨーク株式取引所に上場されていた全株式，全産業株式，全鉄道株式，全公益事業株式について，1871-1929 年の年次および四半期の株価指数を作りました．ここでは，年次データを用いた分析結果について説明します．スノウデンは超過収益率の年次データを用いて，次のような時系列モデルを推定しました．

$$Z_t = \sum_{i=1}^{10} \phi_i + e_t \quad (8.4)$$

推定結果は表 8.6 の通りです．まず，推定された係数 ϕ_i を見ると，全株式と産業企業株式の2つの系列について，2期，5期のラグの係数が有意に

表 8.6　アメリカ株式市場の効率性に関するテスト（1871-1929 年）

		全株式	産業株式	鉄道株式	公益事業株式
ラグ	1 年	0.03	−0.09	0.12	0.06
	2 年	−0.32*	−0.42*	−0.17	−0.22
	3 年	0.16	0.18	0.04	0.16
	4 年	0.06	0.16	0.08	0.08
	5 年	−0.33*	−0.43*	−0.27	−0.26
	6 年	0.16	0.12	0.08	0.2
	7 年	0.15	0.25	0.11	0.19
	8 年	−0.19	−0.22	−0.15	−0.12
	9 年	−0.06	−0.04	−0.17	−0.17
	10 年	0.12	0.28	0.02	0.09
	Q_{10}	22.7*	42.4**	13.0	18.6*

（注）　＊＊ 1％ 水準で有意。
　　　　＊　 5％ 水準で有意。
（出所）　Snowden, op. cit.

0 と異なっています。また，系列相関の有無をテストするための Q 統計量は，全株式，産業株式，公益事業株式について大きな値をとり，系列相関がないという仮説が棄却されます。すなわち，19 世紀末から 20 世紀初めのアメリカ株式市場について，効率的市場仮説は棄却されるわけです。

この結果をふまえて，スノウデンは，効率的市場仮説が棄却される理由について議論しています。基本的前提は，この時期，株式の数と多様性が急速に増大したこと，および多数の新しい投資家が株式市場に参加するようになったことです。すなわち，株式市場の拡大そのものが，何らかの新しい仕組みを導入することなしには，投資家の間に必要な情報が行き渡るのにより長い時間がかかるようになったと考えられます。しかし，株式市場の仕組みはただちには変更されませんでした。すなわち，企業の情報開示に関する公的規制が導入されたのは，1930 年代の大恐慌期になってからでした。このこ

とが，市場の効率性を低下させたというのが，スノウデンの見方です。

○ 「J.P.モルガンは企業価値を向上させたか？」

　以上のように，スノウデンは，株式市場の機能を支える制度的条件として情報開示に関する公的規制に注目しましたが，株式市場の制度的基礎は公的規制だけではありません。私的組織による取引のガバナンスも重要な役割を果たす場合があります。ブラッドフォード・デロング（DeLong, J. D.）は，同じ時期のアメリカの株式市場について，この問題に焦点を当てました[10]。デロングが注目したのは，20世紀初め（第一次世界大戦前）のアメリカで，大規模な投資銀行が出現し，投資銀行業務が少数の大投資銀行の手に集中するとともに，それら大投資銀行が多くの企業に取締役を派遣したという現象です。大投資銀行にはJ.P.モルガン，クーン・ローブ，ファースト・ナショナル・バンクなどがありましたが，中でもモルガンが特に大規模でした。

　これらの大投資銀行の役割に関する，当時の証券業界の見方を示す文献として，デロングは，ムーディーズ・インベスターズ・サービスの創業者で，当時はジャーナリストだったジョン・ムーディーの著書を挙げています。ムーディーは，企業が資本を必要とし，投資家が投資すべき企業の選択を取り扱ってくれる仲介業者を必要とする以上，金融業者が企業経営者を監督することは必要であると述べています。大投資銀行が企業の取締役会で支配的な地位を占めていなければ，分散した個人株主たちが企業経営者のパフォーマンスをモニターする方法はないというのがその理由です。大投資銀行は経営者を有効にモニターすることができ，そのため大投資銀行が取締役会に参加しているという事実が，その企業の経営者が有能で勤勉であるというシグナルを投資家たちに送るというわけです。こうした見方は，ムーディーだけの

---

10) J.Bradford DeLong, "Did J. P. Morgan's Men Add Value?: An Economist's Perspective on Financial Capitalism," in Peter Temin ed., *Inside the Business Enterprise : Historical Perspectives on the Use of Information*, Chicago：The University of Chicago Press, 1991.

ものではなく，当時の投資銀行業務に関する教科書やJ.P.モルガンのパンフレットにも書かれていました。

さらに，モルガンのパンフレットは，投資銀行の企業取締役会への参加と投資銀行業の寡占的構造について次のように説明しました。第一に，取締役会への参加によって，企業経営者の能力と勤勉さが保証され，それによって有望な企業はより有利な条件で証券を発行することができる。第二に，取締役会への参加によって投資銀行はより容易に経営者のパフォーマンスを知ることができ，もし経営者に十分な資格がない場合は速やかに解雇することができる。そして投資銀行が寡占的である場合の方が，監視と業績の低い経営者の解雇が容易である。第三に，高いシェアを持つ投資銀行は，評判の価値が高いため，短期的な利益のために評判を犠牲にするインセンティブを持たない。そのため投資銀行業の寡占構造は市場の機能を改善する。

◯ J.P.モルガンの機能に関する実証分析

デロングは，以上のような当時の投資銀行業界の見方を実証的にテストしました。1912年にモルガンが取締役会に参加している企業で，普通株が活発に取り引きされているものは20社ありました（公益事業3社，鉄道9社，その他8社）。これら企業と比較するために，規模が同等の62社がコントロール・サンプルとされました。表8.7は，これらの企業について，1911-12年平均の株式の時価/簿価データを，モルガンが取締役を派遣していることを示すダミー変数（モルガン・ダミー）およびその他のコントロール変数に回帰した結果を示しています。

表示されているのは5つの式の推定結果です。一番左のモルガン・ダミーだけを説明変数とした場合は，係数は正になりますが有意ではありません。しかし，2列目の式が示すように公益事業ダミーを加えると，モルガン・ダミーの係数は有意に正となります。モルガンが取締役を派遣している企業（以下，簡単のためにモルガン系企業ということにします）は，他の事情が

表8.7　J.P.モルガンのパートナーが企業取締役会に参加することの効果

被説明変数：株価/1株当たり自己資本簿価（対数，1911-1912年平均）

モルガン・ダミー	0.259	0.270	0.253	0.375	0.055
	(0.161)	(0.161)	(0.144)	(0.151)	(0.102)
公益事業ダミー		0.281	0.107	0.441	0.155
		(0.197)	(0.175)	(0.186)	(0.124)
利益/株価			−1.834		
			(0.304)		
自己資本/資本金（対数）				1.680	
				(0.374)	
利益/自己資本（対数）					0.596
					(0.073)
adR^2	0.021	0.038	0.270	0.180	0.236

（注）（　）内は標準誤差。
（出所）DeLong, op. cit.

同じ場合，株価が相対的に高かったという関係が認められます。

　3列目以下の分析は，モルガン系企業の株価が高かった理由を調べるためのものです。利益株価比率（利益/株価，PER（株価収益率）の逆数）は，各企業の市場における独占度を捉えるための変数です。独占度は各期の利益に直接反映されますが，長期の期待利益によって決まる株価には大きな影響を与えないでしょう。したがって独占度の高い企業ほど利益株価比率が大きいと考えられます。そして，モルガン系企業の高株価が独占のためであるとすれば，利益株価比率を説明変数に加えることによって，モルガン・ダミーの係数が小さくなると期待されます。しかし，実際には，むしろモルガン・ダミーの係数は大きくなっており，したがって，モルガン系企業の高株価の理由を独占のためと見ることはできません。ただし，利益株価比率の係数の

符合が期待と逆になっているので，あまり確実なテストとはいえません。

4行目では，自己資本/資本金（対数値）を説明変数に加えています。これは企業の長期的な成長性を捉えるための変数です。この変数の係数は有意に正となっていますが，モルガン・ダミーの係数はむしろ増大しています。したがって，モルガン系企業の高株価は，これら企業の高い成長性のゆえではないということになります。最後に5行目は自己資本利益率（利益/自己資本）を説明変数に加えたものです。その係数は有意に正となり，モルガン・ダミーの係数は，大幅に小さくなるとともに，有意でなくなります。この結果は，モルガン系企業の高株価が，これら企業の高い自己資本利益率のゆえであることを示しています。結局，以上から，モルガン系企業は相対的に株価が高く，それは自己資本利益率の高さによるという結論を導くことができます。

ただし，この分析結果だけでは，因果関係はわかりません。すなわち，モルガンの関与が利益率を引き上げたのか，あるいは逆に利益率の高い企業をモルガンが選んで関与したのかが区別できません。この問題を解決するために，デロングはインターナショナル・ハーベスターとAT&Tのケースを観察しています。これらのケースにおいて，モルガンを中心とする投資銀行が，経営者の選任において重要な役割を演じたこと，そして選ばれた経営者が企業業績にプラスの影響を与えたことを明らかにしました。

株式取引においては，株式の発行者である企業ないしその経営者と，株式の購入者である投資家の間に大きな情報の非対称性があります。その非対称性は，投資家が分散していて，企業が大規模であるほど深刻になります。すなわち，企業ないし経営者の質に関する情報が事前に投資家にわからないために生じる逆選択，株式発行後に経営者が努力怠ったり，自分の利益のために株主の利益を損なったりするモラル・ハザードが起こりやすくなります。これらをどのように解決するかが，企業統治（コーポレート・ガバナンス）の主要な課題の一つです。スノウデンが焦点を当てた，公的規制による情報開示は一つの手段ですが，20世紀初めのアメリカでは，投資銀行によるガ

バナンスが大きな役割を果たしました。そして，ガバナンスにあたっての投資銀行自身の誠実な行動は，評判メカニズムが支えていました。

理解と思考のための問題

8.1 Franklin Allen and Douglas Gale, *Comparing Financial Systems*（本文脚注1参照）の第3章を読んで，金融システムの国際間の相違について学んで下さい。

8.2 Rafael LaPorta, Florencio Lopetz-De-Silianes, Andrei Schleifer, Robert W. Vishny, "Legal Determinants of External Finance" (*The Journal of Finance*, 52 (3): 1131-50, 1997) を読んで，金融システムの国際間の相違と法制度の関係について学んで下さい。

8.3 日本銀行「諸休業銀行の破綻原因及其整理」（日本銀行調査局編『日本金融史資料』昭和編第24巻，1969年）を読んで，機関銀行の弊害について考えてみましょう。

8.4 青木昌彦，ヒュー・パトリック，ポール・シェアード「日本のメインバンク・システム：概観」（青木昌彦・ヒュー・パトリック編，白鳥正喜監訳『日本のメインバンク・システム』東洋経済新報社，1996年）を読んで，戦後日本のメインバンクと戦前の機関銀行を比較して下さい。

8.5 デロングが明らかにしたアメリカの投資銀行の機能と，岡崎哲二『持株会社の歴史』（ちくま新書，1999年）に書かれている財閥の機能とを比較して下さい。

文献案内

[本書全体および第1章]

　本書の内容についてより深く学ぶために，各章で引用した文献を読むことを勧めますが，この文献案内では，主に引用したもの以外の有用な文献を紹介します。本書の前提となっている理論的枠組みについては，ポール・ミルグロム，ジョン・ロバーツ『組織の経済学』(奥野正寛・伊藤秀史・今井晴雄・西村理・八木甫訳，NTT出版，1996年)，青木昌彦『比較制度分析に向けて』(瀧澤弘和・谷口和弘訳，NTT出版，2001年) を参照して下さい。

　その基礎となるミクロ経済学，マクロ経済学を初歩から学びたい場合は，グレゴリー・マンキュー『マンキュー経済学』(I)・(II) (第3版，足立英之・石川城太・小川英治・地主敏樹・中馬宏之・柳川隆訳，東洋経済新報社，2014年) が標準的な教科書です。ゲーム理論に関する教科書としては，梶井厚志・松井彰彦『ミクロ経済学——戦略的アプローチ』(日本評論社，2002年)，神取道宏『ミクロ経済学の力』(日本評論社，2014年) ロバート・ギボンズ『経済学のためのゲーム理論入門』(福岡正夫・須田伸一訳，創文社，1995年) があります。計量経済学については，浅野皙・中村二朗『計量経済学』(有斐閣，2000年) が，わかりやすく，理論的基礎をきちんと説明した，すぐれた教科書です。より応用を重視したユニークな教科書として，Joshua D. Angrist and Jörn-Steffen Pischke, *Mastering Metrics : The Path from Cause to Effect*, (Princeton : Princeton University Press, 2015) があります。

　「初版へのはしがき」に書いたように，本書は時代を追って経済史を記述するというオーソドックスなスタイルをとっていません。オーソドックスなスタイルの経済史の教科書としては，ロンド・キャメロン，ラリー・ニール『概説　世界経済史』(I)・(II) (速水融監訳，東洋経済新報社，2013年)，岡田泰男

『経済史入門——過去と現在を結ぶもの』（慶応義塾大学出版会，1997年）があります。日本経済史に関する教科書として，石井寛治『日本経済史』（第2版，東京大学出版会，1991年），新保博『近代日本経済史』（創文社，1995年）が挙げられます。現代の一般均衡理論の基礎を作った経済学者が，一貫した視点から経済史を描いたユニークな書物として，J.R.ヒックス『経済史の理論』（新保博・渡辺文夫訳，講談社学術文庫，1995年）があります。同書の原著は1969年に出版されましたが，そこには，制度と組織の経済史につながる多くの洞察が含まれています。

[第2章]

経済成長理論に関する入門的な教科書としては Charles I. Jones and Dietrich Vollrath, *Introduction to Economic Growth*, third edition, (New York : W.W. Norton, 2013)；David N. Weil, *Economic Growth*, second edition, (Harlow : Pearson, 2009) が，より進んだ教科書としては Robert J. Barro and Xavier Sala-i-Martin, *Economic Growth*, second edition, (Cambridge, MA : MIT Press, 2004)；Daron Acemoglu, *Introduction to Modern Economic Growth*, (Princeton : Princeton University Press, 2009) があります。経済成長理論と経済史を橋渡しした，すぐれた教科書として，安場保吉『経済成長論』（筑摩書房，1980年）があります。クロスカントリー・データを用いて経済成長に関する実証分析を体系的に行った研究として，Robert J. Barro, *Determinants of Economic Growth : A Cross-Country Empirical Study*, (Cambridge, MA : MIT Press, 1997) があり，同じ著者による新しい研究として，Robert J. Barro, "Convergence and Modernization," (*Economic Journal*, 125 : 911-42, 2015) があります。

[第3章]

カール・マルクス，マックス・ウェーバーの歴史理論に関する入門的な書物として，大塚久雄『社会科学の方法——ヴェーバーとマルクス』（岩波新書，1969年）があります。マルクスの考え方をふまえながら，現代的な経済

学の枠組みを用いて，資本主義経済の他の経済システムとの共通性と相違を描写・分析した文献として，置塩信雄『再生産の理論』(創文社, 1957年)，森嶋通夫『近代社会の経済理論』(森嶋通夫著作集第12巻, 岩波書店, 2004年)，サミュエル・ボウルズ『制度と進化のミクロ経済学』(塩沢由典・磯谷明徳訳, NTT出版, 2013年) 第10章が挙げられます。

[第4章]

　ダグラス・ノースによる制度の経済史の方法は，ダグラス・ノース『制度原論』(瀧澤弘和・中林真幸訳, 東洋経済新報社, 2016年) にまとめられています。アブナー・グライフの比較歴史制度分析に関する研究はアブナー・グライフ『比較歴史制度分析』(岡崎哲二・神取道宏監訳, NTT出版, 2009年) に集成されています。制度と経済発展の関係を一般読者向けに書いた本として，ダロン・アセモグル，ジェイムズ・A・ロビンソン『国家はなぜ衰退するのか——権力・繁栄・貧困の起源』(上)・(下)(鬼澤忍訳, 早川書房, 2016年) があります。

[第5章]

　中世ヨーロッパにおける「商業の復活」については，アンリ・ピレンヌ『ヨーロッパの歴史——西ローマ帝国の解体から近代初頭まで』(佐々木克巳訳, 創文社, 1991年) が古典的文献です。江戸時代日本の株仲間については，宮本又次『株仲間の研究』(有斐閣, 1938年) が同じく古典的文献です。堂島米市場に関する研究としては，宮本又郎『近世日本の市場経済——大坂米市場分析』(有斐閣, 1988年)，高槻泰郎『近世米市場の形成と展開：幕府司法と堂島米会所の発展』(名古屋大学出版会, 2012年) があります。岡崎哲二編『取引制度の経済史』(東京大学出版会, 2001年) は，取引をガバナンスする制度に関する歴史研究をまとめています。

[第6章]

　イギリス産業革命に関する見方の修正に寄与した代表的研究として N.F.R.

Crafts, *British Economic Growth during the Industrial Revolution*, (Oxford：Oxford University Press, 1985) が挙げられます。産業革命に関する近年の代表的な研究として，ロバート・C・アレン『なぜ豊かな国と貧しい国が生まれたのか』(グローバル経済史研究会訳，NTT出版，2012年), Robert C. Allen, *The British Industrial Revolution in Global Perspective*, (Cambride：Cambridge University Press, 2009), グレゴリー・クラーク『10万年の世界経済史』(久保恵美子訳，日経BP社，2009年), Joel Mokyr, *The Enlightened Economy, An Economic History of Britain 1700-1850*, (New Haven：Yale University Press, 2009) が挙げられます。ポメランツと異なる視点と枠組みで「大分岐」を説明した書物として，Jean-Laurent Rosenthal and R. Bin Wong, *Before and Beyond Divergence：The Politics of Economic Change in China and Europe*, (Cambridge, MA：Harvard University Press, 2011) があります。

産業革命を組み込んで経済成長理論を再構成する試みとしては，Michael Kremer, "Population Growth and Technological Change：One Million B.C. to 1990," (*Quarterly Journal of Economics*, 108 (3)：681-716, 1993); Marcos Chamon and Michael Kremer, "Economic Transformation, Population Growth and the Long-run World Income Distribution," (*Journal of International Economics*, 79：20-30, 2006); Oded Galor, *Unified Growth Theory*, (Princeton：Princeton University Press, 2011) が挙げられます。

アルフレッド・チャンドラーが本章で述べた考え方を最初に提示した古典的書物として，『組織は戦略に従う』(有賀裕子訳，ダイヤモンド社，2004年) があります。チャンドラーの見方に対する批判としては，レズリー・ハンナ，和田一夫『見えざる手の反逆——チャンドラー学派批判』(有斐閣，2001年) があります。

[第7章]

数量経済史の立場からアメリカ南部の奴隷制を再検討し，大きな反響を呼んだ書物として，ロバート・W・フォーゲル，スタンレー・L・エンガーマ

文献案内

ン『苦難のとき——アメリカ・ニグロ奴隷制の経済学』(田口芳弘・榊原胖夫・渋谷昭彦訳, 創文社, 1981 年) があります. 地主制については, 日本でも多くの研究が行われてきました. 古典的な文献として永原慶二・中村政則・西田美昭・松元宏『日本地主制の構成と段階』(東京大学出版会, 1972 年) が挙げられます. 最近の研究として, Yutaka Arimoto, Tetsuji Okazaki and Masaki Nakabayashi, "Agrarian Land Tenancy in Prewar Japan : Contract Choice and Implications on Productivity," (*Developing Economies*, 48 (3) : 293-318, 2010) があります. 岡崎哲二編『生産組織の経済史』(東京大学出版会, 2005 年) は, 問屋制を含めて生産組織の選択に関する実証研究を収めています.

[第 8 章]

ヨーロッパの金融に関する通史としては, Charles P. Kindleberger, *A Financial History of Western Europe* (London : Allen & Unwin, 1984) があります. Charles W. Calomiris, *U.S. Bank Deregulation in Historical Perspective*, (Cambridge : Cambridge University Press, 2000) は, アメリカ金融史に関する論文を収めています. ナオミ・ラモローはアメリカの関係融資に関する研究を Naomi Lamoreaux, *Insider Lending* (Cambridge : Cambridge University Press, 1994) にまとめています. ニューヨーク, ロンドン, 東京の株式市場と投資銀行の歴史をコンパクトに記述した書物として, サミュエル・L・ヘイズ, フィリップ・M・ヒュッバード『世界三大金融市場の歴史』(細谷武男訳, TBS ブリタニカ, 1989 年) があります. アメリカのコーポレート・ガバナンスと金融システムについて, その歴史も含めて書いた本として, マーク・ロー『アメリカの企業統治 (コーポレート・ガバナンス) ——なぜ経営者は強くなったか』(北条裕雄・松尾順介監訳, 東洋経済新報社, 1996 年) が挙げられます. 日本に関する対応する本として, Takeo Hoshi and Anil Kashyap, *Corporate Financing and Governance in Japan : The Road to the Future* (Cambridge, MA : MIT Press, 2001) があります.

本書では取り上げませんでしたが, 貧困層に対する金融であるマイクロ・

クレジットも経済史の重要なトピックです。これに関する論文として，19世紀〜20世紀初めにおけるドイツの信用組合を取り扱った，Timothy W. Guinnane, "Cooperatives as Information Machines : German Rural Credit Co-operatives, 1883-1914," (*Journal of Economic History*, 61（2）: 366-89, 2001) があります。

索　引

あ　行

相対済令　96
アウタルキー　17, 18
青木昌彦　74
アシュトン（Ashton, T. S.）　105～107, 148
アセモグル（Acemoglu, D.）　70
アッカーバーグ（Ackerberg, A. D.）　143, 144
アナール派　18
アムステルダム銀行　156
アムステルダム取引所　156
アレン（Allen, F.）　155, 157
アレン（Allen, R. C.）　112

位階制的構造　114
イスラム教　80
イングランド銀行　157
インセンティブ　24, 66, 72, 94, 108, 126, 138, 139, 142, 163, 177

ウィーン　82
ウィリアムソン（Williamson, O. E.）　65, 117, 147
ウェーバー（Weber, M.）　52～54, 64, 65
ヴェニス　81
ヴェローナ　82
運上金　97

『英国産業革命史』　105
エージェンシー　91
エドワーズ（Edwards, R.）　125
エンガーマン（Engerman, S. L.）　135, 137
遠隔地貿易　91
エンクロージャー　50

大市　82
大川一司　31

大坂堂島の米市場　86
岡崎哲二　89, 95, 169
オリーン（Ohlin, B. G.）　17

か　行

カー（Carr, E. H）　3
ガーシェンクロン（Gerschenkron, A.）　59, 108, 158
カーティン（Curtin, P. D.）　91
開港　18
開発経済学　4, 5
価格裁定　99
貸金業者　155
加藤俊彦　168, 169
金公事　96
下部構造　49
株式市場　161～163, 176
　　──の効率性　173
株式投資収益率　174
株式取引所　158
株仲間　97～101
　　──禁止　100
『株仲間の研究』　97
貨幣残高　9, 12
　　──変化の独立性　12
ガロール（Galor, O.）
カロミリス（Calomiris, C.）　13, 16
為替手形　156
関係融資　168～170
勘定奉行　95
官僚機構　95
官僚制の内部組織　118

機会費用　93
機関銀行　165, 168, 169, 173
機関投資家　166
企業金融　157

企業組織　124
　　──の革新　118
企業統治　157, 167, 179
技術進歩　38, 44, 51, 109
北フランスの耕地の形状　19
規模の経済性　107
逆選択　163, 179
行司　97
共同体　50
規律と監督　116, 117
『近代経済成長の分析』　30
キング（King, R. G.）　159, 161
銀行　108, 155, 164
　　──型システム　157
　　──システム　61
　　──の負債構造　170
近世日本の司法制度　95
吟味筋　96
金融恐慌　13〜16, 168
金融市場　156
金融システム　108, 155, 159, 161, 163, 167
金融取引契約　163, 164

クズネッツ（Kuznets, S. S.）　30
クラーク（Clark, G.）　112
グライフ（Greif, A.）　73, 90〜92, 95
クラフツ（Crafts, N.）　109
クレディ・モビリエ　158
クレマー（Kremer, M.）　113
クロスカントリー・データ　38
クロスカントリー回帰　160, 161
クロスセクション・データ　38

『経済学批判』　48
経済成長　30, 109
『経済成長──六つの講義』　30
経済成長理論　33, 48, 159
経済的後進性仮説　59
経済発展　4, 101
経済発展段階論　48, 59
契約執行　66, 91, 94, 95, 97
契約理論　143
経路依存性　20, 26, 115
ゲーム理論　23, 74, 92

ゲール（Gale, D.）　155
血縁的金融集団　165, 167
血縁的ネットワーク　164
結託　91, 94
権益擁護機能　98
「現在の相対化」　6
権利の章典　67
原料詐取　148, 150

工場制　105, 114〜117, 147
効率的市場仮説　175
効率的な経済組織　64
コース（Coase, R. H.）　65, 116
コーディネーション　ii, 122, 129
コーポレート・ガバナンス　179
ゴールドスミス（Goldsmith, R. W.）　159
石高制　86
国民経済計算　30
小作人　140
小作料　140
誤差項　174
コミット　67
コミットメント問題　91
雇用調整　9
ゴルトン（Gorton, G.）　13
コングロマリット型企業　125
コンラッド（Conrad, A. H.）　132〜134

さ 行

最小二乗法　55
鎖国　17
澤田充　169
三権分立　67, 95
産業革命　61, 105, 109
『産業革命』　105, 148
産業金融　158
産業政策　5
参勤交代制度　86

シェア小作契約　142
自営農民　50
ジェノア　82
自己拘束的　74
自己実現的予想　14

自己資本比率　170
資産特殊性　123, 126
寺社奉行　95
市場型システム　157
市場経済の歴史　78
市場の価格裁定機能　99
市場の失敗　5
自然実験　16
実験室としての経済史　12
実質貨幣残高　88
地主　155
　　――制　140
司法制度　95, 101
資本　7, 108
　　――の本源的蓄積　49
資本家　49
資本集約度　61
『資本主義的生産に先行する諸形態』　7
『資本主義の経済制度』　117
資本分配率　109
資本-労働比率　34
『資本論』　6, 48, 113
社会主義　49, 73
シャンパーニュ地方　82
（技術の）借用　59
宗教社会学　53
『宗教社会学論集』　53
終身雇用　8
集中的作業場　116
自由度修正済決定係数　48
宗門改帳　87
シュワルツ（Schwartz, A.）　9
荘園（西欧）　81
荘園（日本）　84, 85
商業の復活　81, 94
商人　155
商農分離　86
上部構造　49
情報開示に関する公的規制　176
情報ネットワーク　94
情報の非対称性　163, 179
『諸国民の富』　113
所有権の保護　65, 95
人的資本　5, 40～42

人口成長率　36, 40, 42, 43
新古典派経済学（理論）　5, 65
新古典派経済成長理論　33, 43
信用　156
信用保持機能　98

垂直統合　124
スウェーデン銀行　156
スカンジナビア人　82
スタッフ　120
スティグリッツ（Stiglitz, J. E.）　5
スノウデン（Snowden, K. A.）　173～176
スミス（Smith, A.）　33, 113

『西欧世界の勃興』　64
生産関数　34
生産組織　105, 113～115, 117, 131, 149
生産様式　48
生産力　48
成長会計　109
制度　72～74, 94
　　――と組織の経済史　ii
世界銀行　4
ゼルボス（Zervos, S.）　161
戦国大名　86
専門的経営者　118

操作変数　55
総要素生産性（TFP）　109, 110, 135, 161, 162
組織改革　118
ソロー（Solow, R. M.）　33
ソロー・モデル　34
　　――の基本方程式　35

た 行

代銭納　84
タイプライター　21
大分岐　110
代理人　91
大量生産（機能）　120, 126
大量流通（機能）　118, 120
多角的懲罰戦略　92～94, 98, 99, 101
田沼意次　97

地域間所得格差　32
チャンドラー（Chandler, A.）　118, 120, 122〜125
中央銀行　156
中世都市　82
調整機能　98

定額小作契約　142, 143
定常状態　38〜40
デービッド（David, P.）　20
テーミン（Temin, P.）　124
敵対的買収　157
鉄道　118, 119
デファクト・スタンダード　23
デロング（DeLong, J. D.）　176

ドイツ型産業銀行　61
問丸　85
トインビー（Toynbee, A.）　105
トインビー（Toynbee, A. J.）　3
投資銀行　176
銅銭　84
トーマス（Thomas, R. P.）　64, 66
徳川家康　86
独占機能　98
トップマネジメント機能　121
豊臣秀吉　97
取引ガバナンス（管理）構造（制度）　73, 124
取引コスト　65, 124, 126, 147, 148, 150
　──経済学　65, 123, 124
奴隷制　131〜135, 138
奴隷投資の収益性　133
奴隷労働力の配分　136
問屋制　115, 146〜150
　──固有の摩擦　147

な 行

仲間事　96
ナッシュ均衡　23, 74
南海会社　157
南海バブル　157
南北戦争　132
西インド会社　156

『西ヨーロッパ工業史』　147
ネットワーク外部性　23
年貢米　86

農奴　91
ノース（North, D. C.）　64〜69, 90, 95

は 行

幕藩体制　95
バブル　157
　──条例　157, 158
ハーレイ（Harley, K.）　110
パレート優位　26
パレート劣位　26
ハンナ（Hannah, L.）　125
ハンブルグ　82

ヒエラルキー　114
比較歴史制度分析　73, 99
比較優位（原理）　17, 78
『東アジアの奇跡』　4
『東アジアの奇跡を再考する』　5
東インド会社　156, 157
ピサ　82
菱垣回船　98
非対称情報仮説　15
ピューリタン革命　3, 67
評判メカニズム　180
ピレンヌ（Pirenne, H.）　79, 90

フェニキア人　78
フェノアルテア（Fenoaltea, S.）　138, 139
フォーゲル（Fogel, R. W.）　134, 137
複数均衡　26
物々交換　155
ブラウン（Brown, J.）　17
フランクフルト　82
フランドル　81
フリードマン（Friedman, M.）　9
プリンシパル　139
ブロック（Bloch, M.）　18
『プロテスタンティズムの倫理と資本主義の精神』　52, 53
プロテスタント　53

分業　113

兵農分離　86
ヘクシャー（Heckscher, E. F.）　17
ベスマン（Woessmann, L.）　54
ベッカー（Becker, S. O.）　54
ベルンフォーフェン（Bernhofen, D.）　17

封建制　49
法人化　166
法人銀行　108
補完性　22
「ボスたちは何をしているか？」　114
「ボスたちは本当は何をしているか？」　116
ボッティチーニ（Botticini, M.）　143
ポメランツ（Pomerantz, K.）　110
ホルムストロム（Holmstrom, B.）　139
ホワイト・ノイズ　174

ま　行

マイヤー（Meyer, J. R.）　132〜134
マグリビ商人　90〜92, 98
マーグリン（Marglin, S.）　114〜117, 123
町奉行　95
マディソン（Maddison, A.）　30
マニュファクチャー　116
マネタリズム　9
マルクス（Marx, K.）　6, 7, 33, 34, 48〜52, 59, 60, 72, 107, 113, 116
マルチ・タスキング　139, 142, 143
　——仮説　146
マンキュー（Mankiw, N. G.）　40〜42

見えざる手　122
見える手　122
ミシシッピ・バブル　158
宮本又次　97, 98
冥加金　97
ミラノ　82
ミルグロム（Milgrom, P.）　139

ムーディーズ・インベスターズ・サービス　176
鞭打ち　138

名誉革命　3, 66, 68
綿花栽培　132

モキア（Mokyr, J.）　112
モティベーション　ii, 122
モラル・ハザード　144, 164, 179
モルガン　176〜179

や　行

役員兼任関係　169, 170

唯物史観　49

羊毛工業　50
預金引出リスク仮説　14
欲望の二重の一致　155
横山和輝　169
寄合　97
ヨーロッパ中世　81
ヨーロッパの職業統計　53

ら　行

ラーショウーニールセン（Raaschou-Nielsen, A.）　148, 149
ライプチヒ　82
ライン　120
ライン・アンド・スタッフ制　119
ライン・アンド・スタッフ組織　119
楽市楽座　97
ラディカル派経済学　113
ラフ（Raff, D. M. G.）　124
ラポルタ（LaPorta, R.）　168
ラモロー（Lamoreaux, N.）　124, 164〜167
ランデス（Landes, D. S.）　116, 147

利益株価比率　178
リカード（Ricardo, D.）　17, 33
力織機　107
離職率　8
リスク　142, 143
　——・シェアリング仮説　144, 146
流動性　163
両替商　155
領主　81

索引

歴史人口学　*97*
『歴史的視点から見た経済的後進性』　*59*
歴史の教訓　*3*
レバイン（Levine, R.）　*159*, *161*
（アメリカ）連邦準備制度　*12*

労働市場　*108*
労働者　*7*, *49*
労働生産性　*34*
労働分配率　*109*
ローマー（Romer, D.）　*40*
ローマ帝国　*79*, *90*, *139*
ローマの平和　*79*
ローマ法　*79*

ロンドン株式取引所　*158*

わ　行

ワイル（Weil, D. N.）　*40*
ワインガスト（Weingast, B. R.）　*66*〜*68*

欧　字

Clio と QWERTY 経済学　*20*
DSK　*21*
OLS　*55*
probit　*145*
QWERTY　*21*
Q 統計量　*175*
tobit　*170*

著者紹介

岡崎　哲二（おかざき　てつじ）

1981 年　東京大学経済学部卒業
1986 年　東京大学大学院経済学研究科博士課程修了（経済学博士）
1986 年　東京大学社会科学研究所助手
1989 年　東京大学経済学部助教授
1999 年　東京大学大学院経済学研究科教授，現在に至る
　この間，スタンフォード大学経済学部客員教授（2002，2003 年），International Economic History Association(IEHA)副会長(2012-2015 年)，IEHA 会長(2015 年-)

主要著書・論文

Economies under Occupation : The hegemony of Nazi Germany and Imperial Japan in World War II, London : Routledge, 2015. (共編)
Production Organizations in Japanese Economic Development, London : Routledge, 2007. (編)
The Japanese Economic System and its Historical Origins, New York : Oxford University Press, 1999. (共編)
『通商産業政策史』第 3 巻・産業政策，経済産業調査会，2012 (共編)
『生産組織の経済史』東京大学出版会，2005 (編)
『取引制度の経済史』東京大学出版会，2001 (編)
"Impact of Natural Disasters on Industrial Agglomeration : The Case of the Great Kanto Earthquake in 1923," *Explorations in Economic History*, 60 : 52-68, 2016. (共著)
"Acquisitions, Productivity, and Profitability : Evidence from the Japanese Cotton Spinning Industry," *American Economic Review*, 105(7) : 2086-2119, 2015. (共著)
"Productivity Change and Mine Dynamics : The Coal Industry in Japan during World War II," *Jahrbuch für Wirtschaft Geschichte*, 55(2) : 31-48, 2014.
"Sources of productivity improvement in industrial clusters : The case of the prewar Japanese silk-reeling industry," *Regional Science and Urban Economics*, 46 : 27-41, 2014. (共著)
"Interbank Networks in Prewar Japan : Structure and Implications," *Industrial and Corporate Change*, 21(2) : 463-506, 2012. (共著)
"Supplier Networks and Aircraft Production in Wartime Japan," *Economic History Review*, 64(3) : 973-994, 2011.
"Industrial Policy Cuts Two Ways : Evidence from Cotton Spinning Firms in Japan, 1956 -1964," *Journal of Law and Economics*, 33 : 587-609, 2010. (共著)
"Agrarian Land Tenancy in Prewar Japan : Contract Choice and Implication on Productivity," *Developing Economies*, 48(3) : 293-318, 2010. (共著)
"Micro-aspects of Monetary Policy : Lender of Last Resort and Selection of Bank," *Explorations in Economic History*, 44 : 657-679, 2007.
"Effects of Bank Consolidation Promotion Policy : Evaluating the 1927 Bank Law in Japan," *Financial History Review*, 14(1) : 29-61, 2007. (共著)
"Voice and Exit in Japanese Firms during the Second World War : Sanpo Revisited," *Economic History Review*, 59(2) : 374-395, 2006.
"Measuring the Extent and Implications of Director Interlocking in Prewar Japanese Banking Industry," *Journal of Economic History*, 65(4) : 1082-1115, 2005. (共著)

ライブラリ経済学コア・テキスト＆最先端=7
コア・テキスト経済史　増補版

2005 年 11 月 10 日 ⓒ	初　版　発　行
2016 年 2 月 25 日	初版第 11 刷発行
2016 年 10 月 10 日 ⓒ	増　補　版　発　行
2024 年 2 月 10 日	増補版第 9 刷発行

著　者　岡崎哲二	発行者　森平敏孝
	印刷者　加藤文男
	製本者　小西惠介

【発行】　　　　　株式会社　新世社
〒151-0051　東京都渋谷区千駄ヶ谷 1 丁目 3 番 25 号
編集☎(03)5474-8818(代)　　　サイエンスビル

【発売】　　　　　株式会社　サイエンス社
〒151-0051　東京都渋谷区千駄ヶ谷 1 丁目 3 番 25 号
営業☎(03)5474-8500(代)　　　振替 00170-7-2387
FAX☎(03)5474-8900

印刷　加藤文明社　　　　　　製本　ブックアート
《検印省略》

本書の内容を無断で複写複製することは，著作者および出版者の権利を侵害することがありますので，その場合にはあらかじめ小社あて許諾をお求めください。

ISBN 978-4-88384-245-2
PRINTED IN JAPAN

サイエンス社・新世社のホームページのご案内
http://www.saiensu.co.jp
ご意見・ご要望は
shin@saiensu.co.jp まで．

ライブラリ経済学コア・テキスト&最先端 アドバンスト・コース 1

実験経済学入門

下村 研一 著
A5判／176頁／本体1,800円（税抜き）

経済学の基盤にある「需要と供給」の理論は実験的に確かめうるのであろうか．本書はその検証手法として「ダブルオークション」実験を紹介しつつ，実験経済学の基礎的な考え方を案内する．まず経済理論を確認したうえで，実験の準備と注意点を述べ，実際に行った実験の結果を検討していく．今後の経済学研究において実験経済学が果たす役割，また経済実験が持つ教育的意義がよく理解できる書．

【主要目次】

なぜ「理論ある実験」か／完全競争の基礎理論：経済実験の原点／完全競争の部分均衡／ダブルオークションによる実験／経済モデルと実験結果／ダブルオークションによる再実験／外部性：完全競争市場の中で／外部性：調整過程とピグー税／外部性：コースの定理とその向う側／経済実験を教育現場に

発行 新世社　　発売 サイエンス社

ライブラリ経済学コア・テキスト&最先端 2

コア・テキスト
マクロ経済学
第2版

宮尾 龍蔵 著
A5判／384頁／本体2,800円（税抜き）

入門から中級レベルにおけるマクロ経済学の標準的な分析道具をわかりやすく解説し，それらを使ってダイナミックに進展する現実経済への見方を案内した好評テキストの新版。日銀審議委員を務めた著者の経験も踏まえ，世界金融危機，ギリシャ・ユーロ危機，先進国の長期停滞や，ゼロ金利政策以降の非伝統的金融政策などのトピックを含め加筆・修正を行い，統計データをアップデイトした。

【主要目次】
マクロ経済学の基本的な考え方／ＧＤＰと物価／消費の決定／投資の決定／貨幣の需給関係／経済の供給サイドと総需要・総供給分析／国際マクロ経済と為替レート／景気循環と経済成長／マクロ経済の金融的側面／マクロ経済政策の役割／日本のマクロ経済政策

発行 新世社　　発売 サイエンス社